AF389124

LA COMTESSE

DE FARGY.

DE L'IMPRIMERIE DE J. TASTU,
RUE DE VAUGIRARD, N° 36.

LA COMTESSE

DE FARGY.

PAR

MADAME DE SOUZA.

TOME QUATRIÈME.

PARIS.

ALEXIS EYMERY, LIBRAIRE-ÉDITEUR,

RUE MAZARINE, N° 3o.

1823.

LA COMTESSE

DE FARGY.

Lorsque Blanche entra dans le salon, monsieur d'Entragues fit un cri de surprise : il la loua fort d'être revenue si promptement. Elle s'assit près de lui, et chercha à lui témoigner combien elle était sensible à l'affection qu'il lui montrait. Tout allait bien jusque-là ; mais madame de Nançai était trop défiante pour ne pas se faire une peine de tout ce qu'elle ne s'expliquait pas. Elle avait été fâchée du désir que Blanche avait eu d'aller à son couvent, et il lui parut singulier qu'elle y fût restée si peu. Aussi lui demanda-t-elle : « Avez-vous vu madame de Far- » gy ? » — « Non, Maman, elle était » partie pour la campagne. »

A ces mots, monsieur d'Entragues regarda Blanche d'un air si étonné, qu'elle ne put s'empêcher de rire. Il avait oublié que madame de Fargy demeurait à Ste.-Élisabeth , et il se trouvait un véritable imbécile d'avoir cru que Blanche voulait voir quelques-unes de ses anciennes compagnes. Il ne concevait pas comment cette jeune personne parvenait toujours à le faire entrer dans ses petits projets. Tous ses soupçons se réveillèrent ; il pensa que tant d'amitié pour la mère devait ajouter à l'inté- rêt qu'inspirait ce beau et mélancolique jeune homme ; et il resta persuadé que Blanche ne l'avait pas vu avec indifférence. Aussi, après avoir dissipé l'humeur de la grand'mère, adouci les chagrins de la jeune personne, il devint lui-même assez maussade. Il jouait sans attention, et madame de Nançai le gagna, ce qui lui arrivait rarement.

Quand la partie fut finie, monsieur d'Entragues demanda la permission de ne pas en recommencer une seconde. Il s'en alla à la fenêtre, comme pour regarder le temps qu'il faisait ; mais c'était pour se livrer à ses réflexions. Le bonheur de Blanche lui était nécessaire, et il redoutait pour elle un sentiment que madame de Nançai n'approuverait peut-être pas.

Il vint du monde. Lorsque Blanche s'aperçut que sa grand'mère en
était occupée, elle s'avança près de
monsieur d'Entragues, et lui dit :
« Nous n'avons été que trois ici pen-
» dant cette journée; il faut convenir
» que chacun de nous a eu son mau-
» vais moment. Vous étiez si bon, si
» aimable tout-à-l'heure! puis-je
» vous demander ce qui vous a chan-
» gé en une minute ? » Ces paroles
si douces étaient accompagnées d'un
sourire plus doux encore. — « Pour-
» quoi, reprit-il, ne m'avez-vous pas
» dit que c'était madame de Fargy
» que vous alliez chercher ? » — « Je
» vous ai dit *une de mes amies*, sans
» songer à la nommer. » — « Al-
» lons, s'écria-t-il, regardez-moi
» véritablement comme votre vieil

» ami ; et avouez si c'est à dessein ,
» ou sans y songer, que vous n'avez
» pas dit son nom. » — « C'est par
» la réserve que donne la crainte ,
» répliqua - t - elle. Ma grand'mère
» l'estime beaucoup ; mais elle lui
», déplait depuis que je l'aime , et j'é-
» vite de parler d'elle. » — « Où est
» son fils ? » demanda vivement monsieur d'Entragues , croyant surpren-
dre le secret de Blanche par cette
question positive et imprévue.— « Je
» l'ignore , répondit-elle, et je vou-
» drais bien le savoir. Comme je
» vous aimerais , si vous pouviez
» m'en instruire ! » — « Tout de
» bon ? » reprit-il confondu de sa
franchise. — « Oh oui ! lui dit-elle ;
» tâchez de vous en informer, et
» vous me ferez un grand plaisir. »

Les yeux de Blanche brillaient d'un feu nouveau ; mais une candeur si parfaite régnait sur son visage, que monsieur d'Entragues ne savait plus quelle idée se faire d'un sentiment avoué ainsi sans le moindre embarras.

Il se repentit bientôt d'avoir parlé de monsieur de Fargy ; car dès qu'il eut prononcé son nom, Blanche le prit réellement pour le confident de ses pensées. Il était écrit que monsieur d'Entragues, avec ses finesses, ses prévoyances, sa profonde connaissance du monde, amènerait toujours ce qu'il cherchait à éviter.

« Je vous en prie, » lui disait Blanche d'une voix tendre et persuasive, « tâchez de découvrir ce que devient » ce pauvre jeune homme. Si vous

» saviez combien il est estimable! »
Et la voilà encore tellement émue
par la lettre de madame de Fargy,
qu'elle se met à faire le plus grand
éloge de son fils. C'était l'ame la plus
noble, le caractère le plus géné-
reux... Il n'hésitait jamais à se sa-
crifier lui-même.... Blanche ne trouvait pas d'expressions assez fortes,
assez vives, pour peindre ce qu'elle
sentait. Monsieur d'Entragues était
dans une surprise inexprimable, en
la voyant si animée, elle pour l'ordinaire si timide. Il l'interrompit, et lui
demanda comment elle savait tous ces
détails? « — Hélas! ajouta Blanche,
» vous me faites une question à la-
» quelle je ne puis pas répondre;
» croyez que je le regrette. Cepen-
» dant, vous pouvez bien vous en

» rapporter à moi. » — « Non vrai-
» ment, s'écria-t-il, vous êtes peut-
» être un juge prévenu, et qui d'ail-
» leurs ne m'inspire pas un grand
» respect. Il me faut des yeux plus
» difficiles, et plus exercés que les
» vôtres. » — « Au moins, reprit-
» elle, vous en croirez sa mère. »
— « Je n'en croirai que moi, s'il
» vous plaît. Savez-vous quels mo-
» tifs l'engagent à vous en dire tant
» de bien ? » — « D'abord parce
» qu'elle le croit, continua Blanche ;
» et peut-être aussi, parce qu'elle
» ne pourrait pas s'en empêcher.
» Et puis, mon excellent ami, ce
» monsieur de Fargy dont vous trai-
» tez la jeunesse avec tant de dédain,
» mérite votre vénération, et il a
» toute la mienne. » — « Voilà un

» mot fort imposant, fort extraordi-
» naire, répliqua-t-il, mais qui ne
» m'inquiéterait pas beaucoup, si
» vous n'étiez pas vous-même une
» personne très-extraordinaire. Au
» surplus, voyons ce qu'il a fait de si
» merveilleux, ce héros de l'huma-
» nité. » — « C'est encore ce que je
» ne puis pas vous apprendre; mais
» à présent que nous avons com-
» mencé à causer, j'aurai un grand
» plaisir à vous dire mes pensées. »
— « Vous imaginez donc, Made-
» moiselle, que jusqu'à cette heure
» nous ne nous étions point parlé? »
— Blanche le regarda frappée de
cette remarque. — Pourquoi, se
dit-elle, ai-je cru que monsieur d'Entragues ne possède entièrement ma
confiance que depuis un instant ?.....

C'était toujours lui qui , avec toutes ces observations , venait la troubler, et la porter à examiner des sentimens qu'elle eût peut-être continué à ignorer.

Blanche le quitte aussitôt. Elle se demande, en tremblant , si la piété filiale de monsieur de Fargy ne l'avait pas touchée trop vivement.... Sincère avec elle-même comme avec les autres, elle ne se dissimule pas qu'une profonde admiration, une préférence involontaire ont remplacé la pitié qu'elle avait d'abord éprouvée...... Mais , se dit-elle , ai-je pu m'empêcher de m'intéresser à son sort ?.... Elle n'a pas oublié que , dans l'entretien qu'ils ont eu ensemble chez madame de Limours, il lui a juré une éternelle affection ;

que n'étant plus maître de lui, il s'est écrié : « Il ne m'est plus permis d'as- » socier cet ange à ma destinée ! » Ah ! c'était à elle qu'il pensait ! Elle croit l'entendre encore ! Elle voit encore son regard ; elle sent le trouble dont il était agité.... ; qu'elle serait heureuse, si elle pouvait effacer jusqu'au souvenir de ses peines !... Combien sa fortune, tant vantée, lui deviendrait précieuse, si elle servait à réparer les imprudences d'un père qu'elle plaint sans le condamner, puisqu'il est aimé de son fils !... Mais comment se flatter que madame de Nançai puisse consentir à partager ses droits de mère avec madame de Fargy, dont elle est si jalouse ?..... Cette réflexion ajoute à ses tourmens ; car jamais, par une résistance

coupable, par une volonté absolue,
elle n'affligera cette bonne grand-'
mère qui n'existe que pour elle......
Les vertus de monsieur de Fargy lui
servent d'exemple, et raniment son
courage : il sacrifiait sa vie à son
père; elle consacrera la sienne à madame de Nançai, satisfaite de rem-
plir comme lui les mêmes devoirs...
Pourtant, à son insu, elle espère de
l'avenir..... elle songe que monsieur
d'Entragues pourrait les protéger auprès de sa grand'mère..... A cette
pensée, elle respire plus à l'aise; elle
le regarde d'un air si confiant, qu'il
en est ému. Pendant qu'elle s'aban-
donne ainsi à cette longue rêverie,
il la voit retenir avec peine des larmes
près de couler. Il souffre avec elle,
et il est déjà gagné, sans qu'il s'en

doute, et sans qu'elle lui ait parlé.

Le soir, on annonça le comte de Limours. Après les premiers complimens, il leur dit que madame de Limours, plus souffrante depuis quelque temps, était dans ce moment à Paris pour consulter sur son état; qu'elle les priait de venir la voir, puisqu'elle ne pouvait pas sortir. — Madame de Nançai promit d'aller dîner chez elle un des jours suivans : Blanche espéra qu'elle saurait par elle si monsieur de Fargy avait revu sa mère.

Lorsque madame de Nançai, sa petite-fille, et monsieur d'Entragues, entrèrent chez madame de Limours, ils la trouvèrent bien affaiblie; mais la satisfaction qu'elle eut à les voir parut la ranimer. Elle s'oc-

cupa surtout de Blanche, la fit asseoir près de son fauteuil, lui parla
long-temps de la campagne, du
plaisir qu'elle avait eu à la recevoir
chez elle, et des regrets que son départ lui avait causés. La pauvre
Blanche l'écoutait avec des yeux qui
semblaient l'interroger. En les exa-
minant bien, on aurait pu y lire :
Tout ce que vous me dites — là n'est
pas ce que je voudrais savoir.....
Elle regardait aussi monsieur d'Entragues, qui la devinait mieux, mais
ne paraissait pas la comprendre.

Ce fut madame de Nançai qui,
étourdiment, répondit à la pensée
de Blanche : « Qu'avez-vous fait de
» ce jeune monsieur de Fargy ? de-
» manda-t-elle à madame de Li-
» mours. D'abord, il m'avait com-

» plètement déplu ; cependant, le
» dernier jour que j'ai passé chez
» vous, il s'est montré si sensible à
» mes inquiétudes, que j'en ai pris la
» meilleure opinion. Ce n'est pas
» qu'il ne soit bien morose, bien
» taciturne , et que je ne croie qu'il
» aime à avoir du chagrin. J'imagine
» même qu'il préférerait une figure
» triste et malheureuse à la fraî-
» cheur, à la beauté , et qu'il se sen-
» tirait pour elle l'attrait que d'au-
» tres ont pour un teint de lis et de
» roses. »

Cette idée fit rire monsieur d'Entragues ; ce petit succès égayant madame de Nançai, elle n'attendit point
la réponse de madame de Limours,
et se mit à raconter combien elle
avait trouvé de ces gens bizarres

qui étaient bons, estimables, mais
très-propres à donner des vapeurs.
Tout le monde oubliait ce pauvre
monsieur de Fargy, pour disserter
sur les différentes dispositions de
l'ame, du caractère, lorsque madame de Limours reprit : « Notre
» jeune ami est resté à la campagne.
» Sûrement des malheurs réels cau-
» sent ses peines; car loin d'être hu-
» moriste ou misantrope, il paraît
» devenir tous les jours plus compà-
» tissant et plus doux. » — « Mais
» oui vraiment, s'écria madame de
» Nançai; je m'en souviens à pré-
» sent. Son père joua dans les ac-
» tions de la banque, perdit sa for-
» tune, et se retira à la campagne,
» où depuis il a vécu en ermite.
» N'est-ce pas vous, monsieur d'En-

» tragues, qui m'avez raconté cette
» histoire ? »

Blanche lança un regard d'indi-
gnation à ce pauvre marquis d'Entragues, qui avait bien besoin, se
disait-elle, de se mêler aux affaires
de gens si infortunés, et encore pour
leur nuire! Il pénétra sa pensée,
s'en affligea, et reprit aussitôt:
« Non, Madame, ce n'est pas moi :
» si je vous avais parlé du comte
» de Fargy, je vous aurais dit que
» c'était un homme fort aimable,
» fort gai, aimant à se réjouir, et
» que la comtesse de Fargy était
» une femme du plus grand mérite! »
— A ces mots, Blanche regarda son
vieil ami d'un air de complaisance;
mais madame de Nançai ne fut pas
si contente.

On alla dîner. En sortant de table, lorsqu'on était encore debout
prêt à prendre le café, Blanche s'approcha de madame de Limours, et
se cachant un peu derrière son fauteuil, elle lui dit tout bas : « Il est
» donc bien triste, Madame ? » —
« Qui, mon enfant ? » —Blanche se
sentit rougir, et répondit encore plus
bas : « Monsieur de Fargy, dont
» vous parliez tout-à-l'heure. »

Madame de Limours sourit, mais
ne voulut pas lui faire remarquer
que, depuis long-temps, on ne s'occupait plus de lui ; elle reprit donc
d'un air simple : « Je crois qu'il est
» bien à plaindre ; et plus je le con-
» nais, plus il m'intéresse. » — Elle
croyait aussi qu'il n'était pas indifférent à cette jeune personne ; et, par

cette raison même, elle n'osa rien ajouter.

Blanche, étonnée de sa réserve, cherchait dans sa tête comment elle pourrait lui faire de nouvelles questions; mais lorsque madame de Nançai se leva pour s'en aller, la pauvre enfant n'avait rien appris de ce qu'elle désirait savoir.

Pendant ce temps madame de Fargy était à Saint-Maur. En y arrivant, elle avait été se cacher encore dans la petite chambre où elle avait dit adieu à son fils. Là, que de souvenirs terribles, que de consolantes espérances agitaient son cœur!

Chirac, qui l'avait accompagnée, interrogea en sa présence les gardiens. Il voulut qu'elle les entendît elle-même, et décidât ensuite s'il était prudent de se présenter devant son mari. Ces hommes lui répétèrent qu'il y avait déjà six semaines qu'il était parfaitement tranquille ; mais que, depuis quinze jours, sa tristesse était devenue si profonde, qu'ils craignaient de le voir succomber à sa douleur, si on le laissait plus long-temps à lui-même ; car il paraissait connaître sa situation. « Il ne parle à personne, » dirent ces gens ; « ses yeux sont continuellement » baissés ; il ne les porte même plus » sur nous. Il cède sans résistance » à tout ce qu'on veut de lui, parce » que tout lui est égal. On sent qu'il » n'existe plus que dans son cœur ; » qu'il est absorbé dans ses pensées, » et qu'il songe plus à mourir qu'à » vivre. » D'après ces détails, Chirac

crut pouvoir paraître devant lui. A sa
vue monsieur de Fargy jeta un cri
douloureux , en disant : « Voilà
» donc un ami qui revient à moi ! »
Chirac le serra dans ses bras :
« Que je suis heureux ! lui dit-il ;
» vous voilà guéri de ces terribles
» crises qui vous ont fait si cruelle—
» ment souffrir. Vous avez été bien
» malade ; mais j'étais certain que
» plus ce mal était violent, plus tôt
» il s'userait. » — « Vous dites cela
» peut-être pour me consoler, » reprit monsieur de Fargy. — Chirac
parvint à le rassurer, en lui persua-
dant que l'exaltation de son esprit
avait été la suite naturelle d'un saisissement auquel ses forces n'avaient
pu résister ; qu'il en avait vu de nombreux exemples. Il employa les ter-

mes les plus savans de l'art, pour le convaincre qu'il n'avait jamais eu qu'une fièvre cérébrale, et que l'inflammation ayant cessé, les accidens ne reviendraient plus.

Monsieur de Fargy écoutait ces promesses, avec un air de satisfaction qui brillait dans ses yeux. Sa figure s'éclaircissait à mesure que Chirac lui parlait, car il avait toujours eu la plus grande confiance en lui. Ils allèrent se promener dans les jardins, revinrent ensemble, causèrent avec confiance, et les gardiens ne se montrèrent pas. Chirac examinait ses mouvemens, ses habitudes, et le retrouvait tout-à-fait dans son état naturel. « Que je suis aise d'être » délivré de ces hommes qui m'ob- » sédaient, et que je ne pouvais

» souffrir ! » s'écria monsieur de Fargy.

Chirac, qui cherchait toujours à lui persuader qu'il n'y avait eu rien que de fort simple dans sa situation, mais qui cependant n'osait pas encore le livrer à lui-même, répondit : « Ces hommes sont des valets de » chambre très-intelligens que j'avais » placés auprès de vous. Ils vous ont » soigné avec beaucoup de zèle ; vous » êtes le maître de les renvoyer ; » pourtant ce serait mal récompen- » ser leur service. » — « Je con- » sens qu'ils restent dans la maison, » mon cher docteur, puisque vous » en dites du bien, et que vous les » protégez ; soyez seulement assez » bon pour leur défendre d'être sans » cesse sur mes pas. » Il ajouta en

soupirant : « Je voudrais même ne
» plus les apercevoir ; toutefois, si
» cette place leur est utile, qu'ils de-
» meurent : il faut bien ne pas son-
» ger uniquement à soi. » — Cette
condescendance fit un grand plaisir
à Chirac ; ce ton naturel et facile
avec lequel monsieur de Fargy avait
exprimé un si bon sentiment, acheva
de le convaincre qu'il avait retrouvé
sa raison. Il s'empressa d'aller l'annoncer à madame de Fargy : elle lui
demanda avec instance de le voir ;
mais il exigea qu'elle attendît qu'il
eût parlé d'elle.

Il retourna près de lui, le trouva
plus accablé, et sentit qu'il ne lui
disait pas tout ce qui l'occupait. Aussi, avec cette manière vive et brusque
qui ne connaît ni retard ni ménage-

ment, il l'engagea à lui confier ses peines. « Je sais d'où vous venez, » répondit-il avec embarras. Chirac étonné le regarda, de l'air d'un homme qui désire une plus grande explication. « Oui, continua monsieur de
» Fargy, je suis sûr que vous avez
» été parler à madame de Fargy. Car
» je suis persuadé qu'elle habite un
» coin de cette maison ; mais je ne
» puis me résoudre à la revoir. » —
« Elle attend cependant que vous lui
» permettiez de venir vous assurer
» que son affection s'est augmentée
» par vos souffrances. » — « Non,
» mon cher docteur, reprit triste-
» ment monsieur de Fargy, je l'ai
» rendue bien malheureuse. Elle
» méritait un meilleur sort..... Et
» mon fils que j'aimais avec tant

» d'orgueil !.... Depuis quelques se-
» maines, tous mes souvenirs se sont
» réveillés pour me condamner. Cette
» ambition insatiable que j'avais pour
» lui, est aussi revenue accroître mes
» tourmens. Je me dis avec douleur
» que je ne lui laisserai même pas
» le bien de mes pères. » Chirac lui
apprit que des gens d'affaires entendus avaient tout réparé.

A cette nouvelle, monsieur de Fargy
éprouva un vif mouvement de joie,
et bientôt retomba dans le silence.
Après avoir long-temps réfléchi, il
demanda : « Et le régent, et mes
» amis, qu'ont-ils dit de moi ? » —
« J'ai appris au régent que vous
» aviez cru avoir la science infuse, et
» pouvoir spéculer mieux que des
» hommes qui ont passé leur vie, au

» milieu des chiffres et des combi-
» naisons; que, dans votre humeur
» contre vous - même, vous vous
» étiez retiré à la campagne, sans y
» recevoir personne. Il l'a cru, et l'a
» redit à vos amis qui n'en ont pas
» douté quand il l'assurait. Tous ont
» ri de ce qu'ils appelaient votre
» déconvenue et votre misantropie. »
» — « Eh quoi ! ils ont été assez
» cruels pour rire de mes peines ?
» s'écria monsieur de Fargy. »—«Cela
» vous étonne? repartit Chirac : est-
» ce que vous parliez de quoi que ce
» soit sérieusement entre vous? »
Mais, comme il craignait que monsieur de Fargy ne songeât à quitter
trop tôt cette maison, et qu'il ne voulût se rejeter dans ses anciennes so-
ciétés, il ajouta d'un ton assez gai :

« Un médecin qui observe est un
» plus grand philosophe que tous les
» sages ensemble. » Puis, reprenant un air plus sérieux, il lui dit :
« Croyez-moi, mon cher comte, restez
» dans votre famille. Vous avez une
» femme qui n'aspire qu'à se dévouer
» à votre bonheur, un fils qui est la
» vertu même : c'est plus de biens
» que le monde n'en peut donner. »
— « J'aimais sincèrement le régent. »
— « Il vous aimait aussi, quand il
» vous voyait. Cependant ce régent
» aimable et bon, car il l'est, ces
» amis si gais, si divertissans, vous
» ont bientôt oublié... J'excuse mon-
» sieur le duc d'Orléans; les affaires
» l'occupent, des courtisans amu-
» sent ses loisirs. Les rangs se ser-
» rent autour de lui; le nombre est

» le même, et il s'aperçoit peu de
» ceux qui manquent. Suivez donc
» mon conseil; ne songez plus à ces
» bons amis, qui, certes, ne songent
» guère à vous. Vivez dans votre
» intérieur; essayez de cette exis-
» tence tranquille, et vous m'en
» direz votre avis dans quelque
» temps. »

En finissant ces mots, Chirac le laissa à ses propres réflexions. Il alla trouver madame de Fargy, pour lui apprendre avec quelle douleur son mari avait parlé de ses procédés envers elle. Son repentir la toucha; ils examinèrent ensemble comment elle pourrait s'offrir à sa vue, sans lui causer trop d'émotion. « Rien que de
» simple, répétait Chirac; que tout,
» dorénavant, ait l'air de l'habitude,

» et d'une suite de jours également
» paisibles. » — Elle proposa de le
rencontrer dans les jardins ?... —
Peut-être voudrait-il fuir, répondait-
il. —D'aller dans sa chambre ?.... —
Il s'étonnerait...... — Lui faire demander s'il voulait la recevoir, serait
trop solennel. — Tout les inquié-
tait, tout avait ses inconvéniens.
Enfin, il fut convenu qu'elle irait
s'établir dans son appartement, comme si elle n'en fût jamais sortie ;
qu'il tâcherait de l'y amener : « Et
» après, dit-elle, le ciel nous inspi-
» rera ce qu'il y aura de mieux à
» dire. »

Elle se leva pour se rendre chez
elle ; mais la pensée que le bonheur
du reste de sa vie dépendait de cet
instant, la faisait trembler ; elle avait

peine à avancer. Chirac lui donna
le bras pour la soutenir ; il la conduisit jusque dans sa chambre. Que
devinrent-ils en y trouvant monsieur
de Fargy ?... Livré à lui-même par
Chirac, et ne pouvant supporter les
tristes regrets que lui inspirait sa vie
passée, il était venu se réfugier dans
cet asile où il se rappelait des temps
heureux.

Madame de Fargy, en le voyant,
se sentit défaillir ; lui, saisi de surprise, la regarde, et n'ose en croire
ses yeux.... Est-ce bien elle qui vient
le chercher !...Il court, la prend dans
ses bras, lui donne les noms les plus
doux : mais remarquant sa faiblesse,
il la pose sur un canapé, se met à
genoux près d'elle, la conjure de ne
pas le quitter, ne cesse de s'écrier

qu'il ne craint plus aucun malheur,
puisqu'elle lui est rendue... Elle était
si attendrie, qu'elle lui souriait sans
avoir la force de lui parler.

Aussitôt Chirac, dont le système
était de l'occuper assez des autres,
pour qu'il ne fît aucun retour sur
lui-même, le pria de faire appeler
une femme pour soigner madame de
Fargy. Dès qu'il fut sorti, il dit :
« Vous aviez bien raison, Madame,
» d'espérer que Dieu nous secourrait.
» Monsieur de Fargy, uniquement
» frappé du trouble où vous êtes,
» n'a point pensé à lui. Tâchez de le
» tenir long-temps dans cette situa-
» tion; plaignez-vous plus que vous
» ne souffrez, afin qu'il ne songe qu'à
» vous, et s'oublie tout-à-fait. »

Monsieur de Fargy rentra avec

la concierge ; Chirac, le prenant à part, l'emmena dans une autre chambre. Il lui parla en termes si obscurs de l'état de madame de Fargy, qu'il excita ses craintes. Alors, comme il le voulait, monsieur de Fargy fut trop tourmenté du danger de sa femme, pour qu'aucun souvenir vînt se présenter à son esprit.

Ils retournèrent près d'elle, et la trouvèrent en effet très-agitée. Hélas ! elle n'avait pas besoin d'efforts pour le paraître. Le seul espoir de revoir son fils lui causait des émotions si vives qu'elle rougissait, et l'instant d'après, une pâleur mortelle couvrait son visage. Elle tenait la main de son mari dans les siennes, la pressait tendrement, essayait encore de lui sourire ; mais ce sourire était mêlé à tant de douleurs, qu'il ajoutait à l'anxiété de monsieur de Fargy. « Vous avez bien souffert, » mon amie, lui dit-il. Ah ! croyez » que désormais je n'existerai plus » que pour vous rendre heureuse. » Chirac a raison : je vivrai seule- » ment dans ma famille; j'espère que » nous serons tous contens. » Puis tout-à-coup, il cherche autour de lui : « Où est mon fils ? dit-il. Pour- » quoi n'est-il pas avec vous ? » — A cette question un tremblement universel la saisit... Chirac, crai- gnant qu'il ne s'étonne de cette ab- sence, s'empresse de répondre : « Il » viendra demain. » — Le cœur de cette pauvre mère recueille cette promesse; elle tend ses bras vers lui, répète « demain ! » et s'évanouit.

Chirac, désolé, se reprochait sa vivacité, son imprudence ; mais il lui
fallait combiner trop de ménage-
mens, trop d'intérêts divers pour
tout prévoir ; et cependant, avec
quelle sollicitude éclairée il s'occupait de chacun d'eux ! « Depuis quel-
» ques mois, dit-il à monsieur de
» Fargy, madame est sujette à ces
» accidens, qui ne sont rien. » —
Aussitôt il la fit porter près de la fenêtre, pour qu'elle respirât plus à
l'aise ; il demandait de l'eau, des sels.
Mais monsieur de Fargy, frappé de
ses mouvemens précipités, de son
regard inquiet, ne consentait plus
à s'éloigner. Plein d'effroi, il restait
sans oser la perdre de vue.

Lorsqu'elle eut repris connaissan-

ce, Chirac, craignant qu'elle ne par-
lât de son fils, lui dit : « Demain,
» Madame, vous serez mieux. » —
« Quoi! s'écria monsieur de Fargy,
» est-ce donc une maladie qui ait
» des jours bons et mauvais ? » —
« Non, répondit-il ; mais après avoir
» souffert, on a toujours des momens
» de calme.» — En même temps, il
lui fit signe qu'il avait dit cela pour
la calmer. Il reprit le bras de madame de Fargy, comme pour lui
tâter le pouls ; mais c'était pour pres-
ser sa main, et lui faire comprendre
qu'elle pouvait se livrer à l'espérance. Monsieur de Fargy, sans être
tout-à-fait rassuré, crut au moins
que le danger n'était pas imminent. Sa
femme venait de retrouver la vie et

le bonheur ; et Chirac, s'asseyant près
d'elle, se mit à parler d'objets indiffé-
rens.

Il crut bien faire, et se trompait
encore. « Hélas! disait monsieur de
» Fargy, on est souvent ainsi auprès
» des malades qu'on va perdre, pour
» qui le cœur saigne déjà, et à qui
» l'on veut paraître tranquille, afin
» de les tromper sur leur état! »
Aussi le calme de Chirac acheva de
l'épouvanter. Il répondait comme il
pouvait, considérait sa femme que
le chagrin avait si fort changée, et se
promettait encore, s'il la conservait,
de ne plus exister que pour elle.

Lorsque l'heure de se retirer fut
arrivée, madame de Fargy resta dans
cet appartement qu'elle occupait ja-
dis. Chirac, avant de la quitter, s'ap-

procha d'elle : « Mon fils! » dit-elle bien bas. — « Comptez sur moi, » répondit-il ; et il ajouta, en s'adressant à monsieur de Fargy : « Mada-
» me est très-faible, mais n'a point
» de fièvre ; tout ira bien ; » s'attendrissant malgré lui, il répéta : « Nous
» serons tous contens. »

Il sortit : monsieur de Fargy l'accompagna ; Chirac lui apprit qu'il était obligé de se rendre à l'instant près d'une personne qui lui était bien chère. « Si l'état de madame de
» Fargy, continua-t-il, était alar-
» mant, sans doute je ne m'éloigne-
» rais pas ; mon absence même doit
» vous rassurer. » — Cependant, il lui recommanda de veiller le lendemain à son repos, de ne la point quitter, de lui faire prendre l'air, et de

l'empêcher de se livrer à ses pensées. Il savait bien que la plus sûre manière de s'oublier soi-même, est de se croire chargé du bonheur d'un autre, d'espérer au moins le consoler, et adoucir sa souffrance.

Chirac monta aussitôt en voiture, pour aller chercher ce fils si tendrement aimé par la meilleure des mères. En chemin, cet excellent homme se livrait à la plénitude de sa joie : « Je devais beaucoup à mon- » sieur de Fargy, se disait-il; mais » je lui aurai rendu tous les biens » qui donnent du prix à la vie.... Il » l'ignorera toujours ; car Dieu le » préserve de connaître l'état où il a » été ;... mais je le saurai, moi !... » et il redisait encore : « Je serai » content. » Des larmes s'échappaient de ses yeux; en les sentant couler, il s'indignait contre lui-même, se reprochait d'être faible comme un enfant, et cependant il pleurait.

La terre de madame de Limours était assez près de Paris pour qu'il y arrivât de grand matin. Il se fit conduire chez le marquis de Fargy; il entra dans sa chambre, en disant : « Vous sentez-vous la force de sup- » porter un extrême bonheur ? » — Le pauvre jeune homme le regardait, effrayé de son agitation. « Hé » bien ! s'écria Chirac, si j'avais cédé » à l'exaltation de votre ame, où en » serions-nous aujourd'hui ? Grâce » à moi, votre père, votre mère » sont à présent tranquilles, heu- » reux l'un près de l'autre. » — « Mon père ! ma mère ! » répondit-il, en levant les yeux au ciel, et pensant que des noms si chers ne lui étaient plus permis ; mais il ajouta aussitôt : « Répétez-moi que » monsieur et madame de Fargy » sont heureux ; car je donnerais ma » vie pour tous deux également. »

Chirac, se souvenant alors de tous les aveux qu'il avait à lui faire, chercha à retrouver sa fermeté, son courage. Il lui peignit l'état affreux où il l'avait vu ; à quel point la prédiction menaçante de son père avait été près de troubler sa raison...... Monsieur de Fargy l'écoutait sans l'interrompre, sans comprendre, par quelle funeste satisfaction il le ramenait à ces temps d'horrible souvenir.

« Avant que je me permette un » mot de plus, ajouta Chirac, dites-

» moi si vous auriez cédé aux prières
» de votre mère ? si vous auriez cru
» à l'espoir que j'avais de rendre
» votre pauvre père à lui-même ?
» dites-le moi dans cet instant, où,
» plus calme, vous pouvez vous ju-
» ger ? » — « Jamais je ne l'aurais
» quitté, » répondit-il, indigné qu'on
pût mettre en doute son dévouement ; « jamais madame de Fargy
» n'aurait pu obtenir de moi ce cruel
» abandon. »—« Je le savais comme
» vous, repartit Chirac ; mais j'ai
» voulu vous le rappeler. » — Alors,
il lui apprit que sa mère, épouvan-
tée, n'avait plus su comment l'arra-
cher de la chambre de son père, et
le tirer de cette situation funeste où
il aurait infailliblement succombé... ;
que, dans son désespoir, dans le

trouble de son imagination , elle avait cru être inspirée par le ciel.... Il lui peignit ses combats , ses mortelles angoisses, avant de se résoudre à ce cruel sacrifice.

A chacune des paroles de Chirac, son saisissement augmente ; il l'écoute, le regarde , sans pouvoir lui répondre.... Il est donc vrai qu'il a retrouvé cette mère qu'il a tant aimée.... ce père à qui il avait voulu consacrer toute son existence !..... Son bonheur est trop grand ; tout son sang se retire vers son cœur; sa vie est comme suspendue.

Chirac, voyant qu'il respire à peine, cherche à le distraire , et s'efforce d'attirer son attention , en lui disant : « S'il est quelqu'un que vous deviez » accuser, c'est moi ; moi qui, cha-

» que jour, effrayais votre mère sur
» le danger que vous couriez, parce
» qu'elle seule pouvait vous sauver.
» Mais sachez , qu'abîmée de dou-
» leur, elle a passé dans les larmes
» tout le temps de votre absence ....
» qu'elle se reprochait amèrement
» de vous avoir fait tant de mal ... ,
» que sans cesse elle en demandait
» pardon à Dieu et à vous... Venez,
» elle vous attend. »

A ces mots , un cri de joie s'é-
chappe enfin du cœur de ce fils si
tendre , et il dit : « Je vous bénis
» tous. » Aussitôt , se jetant à genoux , comme si sa mère eût été présente , il s'écriait : « O ma mère !
» comment ai-je pu vous quitter !...
» Mais, si vous saviez tout ce que
» j'ai souffert loin de vous!... » —

« Laissez, laissez tous ces souve-
» nirs d'un temps qu'il faut oublier,
» repartit Chirac ; votre cœur ne
» vous apprend-il donc pas qu'elle
» ne sera complètement heureuse
» qu'en vous revoyant? » — « Alors,
» s'écria-t-il avec transport, pour-
» quoi tarder? Partons à l'instant. »
— « Non, il faut attendre que le
» jour soit plus avancé. Nous ne de-
» vons pas risquer de la trouver avec
» monsieur de Fargy : il a besoin de
» calme ; et je compte bien que ni
» vous, ni elle, n'en aurez dans ce
» premier moment. Mais, quand je
» vous aurai vus réunis, je promets
» bien à Dieu de vous fuir tous
» également, car vous m'avez causé
» trop de peines. Si l'événement ne
» m'avait pas justifié, j'aurais été le

» plus malheureux des hommes. »

La journée se passa dans une impatience mutuelle. Chirac se fâchait de l'empressement de ce jeune homme, qui ne trouvait pas que le temps allât assez vite ; lui se révoltait contre cette raison impassible. Enfin , Chirac dit , en regardant sa montre : « J'ai mis six heures pour venir ici ; » il en faut autant pour retourner à » Saint-Maur. Nous ne devons pas » y arriver avant onze heures du » soir : il ne faut donc partir qu'à » cinq heures ; pas une minute plus » tôt , si vous le permettez. »

Pour le distraire, il se jetait dans de longs discours sur le danger des sentimens trop exaltés ; mais il n'obtenait aucune attention. L'ame de ce jeune homme le transportait d'avance, au moment où il se trouverait dans les bras de sa mère ; il sentait sa joie, il entendait ses paroles; son cœur lui répondait.... Chirac, ne sachant plus comment lui faire supporter l'attente d'un si grand bonheur, prétendit avoir besoin de prendre l'air, et demanda à voir les jardins de madame de Limours. Il consentit à l'y conduire, parce que le repos le fatiguait, et qu'il croyait avancer les heures en s'agitant.

Ils entrèrent dans le parc; monsieur de Fargy prit le chemin qu'il suivait pour l'ordinaire. En passant derrière le pavillon, il regarda l'arbre où il avait dit à Blanche un adieu qu'il croyait être éternel. Maintenant il espère la revoir; et cette espérance le pénètre d'une joie si vive, qu'il ne peut avancer ; il s'appuie contre cet arbre, et oubliant que Chirac est près de lui, il se parle à lui-même : « Ici, » dit-il, mes angoisses ont été af- » freuses ; n'allons pas plus loin, je » puis à peine me soutenir. » Il s'ar- rête, et ressent à la fois et les dou- leurs qu'il a éprouvées, et la félicité qu'il ose entrevoir. Une voix secrète lui rappelle que madame de Fargy a nommé Blanche sa fille ; il s'écrie : « C'est encore vous, ma mère, qui » serez mon ange protecteur ; si ja- » mais elle daigne m'entendre, c'est » parce qu'elle vous a appelée sa » mère avant de me connaître !... » Chirac le regarde avec étonnement ; il ne conçoit rien à ce trouble nou- veau ; il cherche à l'entraîner. « Mon » ami, lui dit monsieur de Fargy,

» laissez-moi seul ; j'ai besoin de re-
» venir sur des temps où le bonheur
» m'effrayait, persuadé qu'il m'était
» défendu d'y prétendre. C'est là,
» c'est près de cet arbre, que je me
» suis dévoué à une existence de mal-
» heurs, de larmes et d'abandon. »
Tout-à-coup, il semble interroger
celle dont le souvenir ne l'a jamais
quitté. « Retrouverai-je, disait-il,
» l'intérêt qu'alors j'ai dû repousser,
» l'intérêt qu'alors je voulais perdre,
» quoiqu'il eût fait mon unique bien !
» Ma mère, c'est encore vous qui
» déciderez de mon sort ! »

Chirac ne comprenait rien à ces
paroles, mais n'osait lui demander
son secret. Après un long silence, il
lui dit : « Voilà bientôt l'heure de
» retourner près de votre maison, et

» de nous apprêter à partir. » A ces
mots, monsieur de Fargy s'empresse
de le suivre ; il ne songe plus qu'à sa
mère, qu'à ce père qu'il va revoir...
Ce moment l'effraye malgré lui ; car
ce père, si cher et si malheureux,
était resté dans son esprit comme à
l'instant où il l'avait quitté. Chirac le
rassure ; pour achever de rendre la
paix à cette ame trop ardente, il re-
gagnait lentement la maison, et, le
forçant à s'arrêter quelquefois, il en-
trait dans tous les détails qu'il croyait
devoir le toucher.

A l'heure marquée par Chirac, ils
montèrent en voiture, et n'arrivèrent
à Saint-Maur qu'à la nuit. Ils des-
cendirent à la grille, et, après avoir
traversé l'avenue à pied, ils entrèrent
dans la cour. Ils aperçurent encore

des lumières dans le grand appartement habité par madame de Fargy.
Ils s'approchèrent des fenêtres, et la
virent seule ; elle paraissait rêver tristement. « Sans doute, elle pense à
» moi, » s'écria son fils…. Dans le
silence de la nuit, sa voix arrive jusqu'à sa mère. Elle se lève, ne sachant
si elle a bien entendu, si elle ne s'est
pas trompée ; et involontairement
pose la main sur son cœur. « Venez,
» dit Chirac ; mais laissez-moi le
» temps de la prévenir, de vous an-
» noncer. » Il court chez elle. « Ma-
» dame, s'écrie-t-il avec une viva-
» cité qu'il ne peut contenir, Ma-
» dame, je vous l'avais promis….
» j'ai vu votre fils…. » — « Ah! qu'il
» vienne, répond-elle, car je me
» sens mourir! » Son fils se précipite

à ses pieds; elle le presse contre son cœur, et tous deux ne savent que répéter : *Ma mère! mon fils!* Ces noms si chers suffisent à leur tendresse et à leur bonheur.

« Appelez-moi encore votre fils, » disait-il; ce nom, votre voix, vos » regards guérissent toutes mes bles- » 'sures.... » Elle le serra contre son cœur avec tant d'affection que tous deux se sentirent baignés de larmes. « Ah! lui dit-elle, que j'ï souffert » en vous annonçant que vous n'étiez » plus à moi; que je n'étais plus à » vous; qu'aucun lien ne nous atta- » chait plus!..... O mon fils, dans » cet instant je me suis crue séparée » de la vie; une mort anticipée a » glacé tous mes sens : j'ai connu ce » qu'on éprouverait dans cet autre

» monde, si l'on y pouvait voir ce
» qui se passe sur la terre. Je te sa-
» vais seul, errant; je t'appelais, tu
» ne m'entendais pas; et je me di-
» sais : Il m'a perdue, il a perdu sa
» meilleure amie , celle qui ne ces-
» sera jamais de l'aimer ! » Ses san-
glots la suffoquaient. Chirac vint arrêter des épanchemens qui pouvaient
briser son cœur. Il s'empressa de lui
dire : « J'ai appris à votre fils toutes
» vos souffrances... Mais je prétends
» être encore le maître ici aujour-
» d'hui. Je veux qu'il vous quitte à
» l'instant ; vous aurez tous deux
» assez de vos pensées, pour vous
» attendrir et vous consoler. Demain
» à votre réveil , si vous pouvez
» dormir, il reviendra pour ne plus
» s'éloigner. »

Madame de Fargy retenait son fils avec force, et ne voulait pas s'en séparer. Cependant, sur un signe de Chirac, il craignit qu'elle ne pût supporter des émotions si vives, et il dit : « Obéissons-lui, ma mère ; sa » raison nous conduira mieux que la » nôtre. » Il la pressa dans ses bras en ajoutant : « A demain.... Oh ! » qu'il y a long-temps que je n'avais » souhaité le jour qui devait suivre! » Chirac les sépara, et l'emmena.

Madame de Fargy passa le reste de la nuit en actions de grâces. Après avoir tant souffert, Dieu qu'elle avait si souvent imploré dans ses peines, Dieu qui seul avait soutenu sa confiance, animait encore son ame ; elle se persuadait que son bonheur n'était pas un songe, et qu'il venait du ciel.

Le lendemain matin, Chirac entra chez elle le premier ; il voulait savoir si elle était assez calme pour revoir son fils. Elle n'avait pas quitté la place où il l'avait laissée. Il commença à gronder ; elle l'interrompit vivement : « Je suis heureuse, docteur, disait- » elle : j'ai veillé bien des nuits dans » les larmes sans mourir ; croyez- » moi, celle-ci, où une satisfaction » parfaite m'empêchait de trouver le » sommeil, n'a pu me faire du mal. » — « C'est à moi à en juger, répon- » dit-il ; mais, grâce à ma pré- » voyance, vous serez obligée de » vous contraindre. Le comte de » Fargy va venir. J'ai été chez lui » avec son fils que j'avais l'air de » suivre par hasard. Ils se sont vus » devant moi, j'accourais vous en

» avertir. Le comte a paru embar-
» rassé. J'ai lieu de croire cependant
» qu'il ne se rappelait que le déran-
» gement de ses affaires, car il lui
» a dit : Je voulais te procurer une
» fortune fabuleuse ; je me suis
» trompé. — Vous possédez encore
» tous vos biens , a répondu votre
» fils : c'est assez pour vous et pour
» moi. Il a embrassé son père avec
» le plus tendre respect. J'ai aussitôt
» interrompu cette conversation.....
» Ne suis-je pas vraiment à plain-
» dre? continua Chirac : j'ai ajouté
» à votre malheur, en vous faisant
» connaître le danger de votre fils ;
» je vous tourmente, en cherchant à
» modérer votre joie que je partage,
» mais dont je crains les effets. Hé-
» las ! le savoir, l'expérience, la

» raison ne servent souvent qu'à
» rendre les peines plus amères et le
» bonheur moins vif. »

Madame de Fargy l'assura de sa reconnaissance, et lui répéta combien elle sentait tout ce qu'il avait fait pour elle et pour les siens. «Vous
» me pardonnez donc? reprit-il at-
» tendri : vous me pardonnerez, si
» je vous contrarie encore. Ils vont
» descendre; permettez-moi de vous
» rappeler que le moindre mot im-
» prudent pourrait nous rejeter dans
» l'abîme, sans nul moyen d'en sor-
» tir. »

Le comte de Fargy entra avec son fils. Les yeux de madame de Fargy brillaient de joie, et, malgré sa résolution, elle ne put retenir ses larmes.
« Madame a un peu d'agitation ce

» matin, dit Chirac; et s'il m'est
» permis de l'avouer, Madame a des
» vapeurs. C'est une maladie qui
» n'est pas inquiétante; et j'aime à
» voir une femme d'un esprit supé-
» rieur, devenir comme une autre,
» dès le premier accès de fièvre. »

Le comte de Fargy s'avança vers
lui; ses regards l'interrogeaient. « Ce
» n'est, repartit Chirac, qu'une lé-
» gère disposition à la mélancolie; il
» faut seulement l'égayer, et surtout
» ne pas la laisser à elle-même. »
Pendant ce peu de mots, le fils s'était
approché de sa mère; leurs mains s'é-
taient pressées, leurs cœurs s'étaient
entendus.

La journée s'écoula paisiblement.
Personne ne disait sa pensée; mais
tous s'empressaient de causer, de se

plaire. Chirac raconta les vieilles histoires de quelques malades assez ri-
dicules. Le comte de Fargy parla
avec agrément de sa jeunesse. Son
fils leur apprit le voyage qu'il avait
fait en Italie, la manière dont il avait
connu madame de Limours, et les
bontés qu'elle avait eues pour lui;
mais il n'osa dire qu'il s'était retiré
près d'elle, lorsqu'il avait cru être
isolé sur la terre. Madame de Fargy,
qui n'avait pas **encore** prononcé une
parole, assura que, dès qu'elle serait
mieux, elle irait la remercier. « Ce
» sera très-bien fait, repartit Chirac;
» et si vous avez la bonté de me
» prévenir, ce jour-là je viendrai ici.
» Monsieur le comte et moi nous
» irons à la chasse, notre ancienne
» passion; enfin nous ne serons plus

» retenus, près de cette chaise lon-
» gue, à entendre madame la com-
» tesse soupirer, sans qu'en vérité
» elle sache pourquoi. »

On se mit à rire, et à se moquer doucement de madame de Fargy ; elle s'y prêta de bonne grâce : et quiconque serait arrivé, n'aurait pu se douter que le malheur avait accablé cette famille.

Dès qu'elle fut seule, elle écrivit à Blanche. Avec quel délice elle lui peignit sa félicité actuelle, et lui annonça qu'elle irait bientôt voir madame de Limours ! « Maintenant
» que je suis heureuse, lui manda-
» t-elle, je deviens aussi confiante
» que j'étais craintive ; et je m'avise
» de me flatter que tout s'arrangera
» suivant mes désirs. J'espère donc

» que , peut-être , le hasard vous
» amènera chez elle , le jour où nous
» y viendrons. Que je serais contente,
» si cette circonstance me permettait
» de demander à madame votre
» grand'mère d'aller la chercher,
» quand nous irons à Paris ! »

Blanche , en apprenant que son amie n'avait plus aucun sujet de peine, ne se sentait pas de joie : elle ne se lassait point de relire sa lettre ; elle s'arrête à cette phrase : « Le hasard » vous amènera peut-être chez elle, » le jour où nous y viendrons. » Elle ne sera donc pas seule ? se demandait-elle : sans doute son mari , son fils l'accompagneront ; je les verrai tous, eux que j'aime autant que si j'étais de la famille ! Qu'ils doivent être satisfaits ! Quels transports ils ont dû éprouver! Elle les ressentait, comme si elle eût été présente.

Elle reprit son dessin, qu'elle avait bien souvent regardé, depuis que monsieur de Fargy le lui avait rendu. Ce dessin tenait une grande place dans sa vie. Elle y changeait toujours quelque chose, suivant les dispositions de son ame : cette fois, elle anima tous les traits de monsieur de Fargy, et lui donna une figure resplendissante de bonheur. Elle disait avec complaisance : Il verra bien que ma pensée le suivait, pendant qu'il était absent.

Lorsqu'elle descendit chez sa grand'elle avait un air enchanté qui frappa monsieur d'Entragues. Madame de Nançai étant sortie un moment, il demanda à Blanche ce qui la rendait

si gaie ? « Rien, répondit-elle suivant
» sa coutume : mais actuellement
» j'aime tout le monde ; et vous-
» même, qui m'impatientez quel-
» quefois, je vous permets de rire,
» de vous moquer, enfin je vous
» défie de me fâcher. » — « En vé-
» rité, reprit-il, savez-vous que
» vous m'étonnez toujours ? » —
» Vous trouvez ? eh bien, et moi
» aussi je suis surprise, et beaucoup
» plus que vous ne l'imaginez. » —
« Pourquoi donc ? » — « Ce n'est
» pas surprise, c'est ravie que je
» voulais dire. » — « Ravie ! Ma-
» demoiselle, voilà un mot qu'il faut
» absolument m'expliquer.» — « Ah!
» reprit Blanche, j'en serais charmée;
» mais c'est tout une histoire. Ma
» grand'mère va rentrer ; vous con-

» cevez bien que je ne puis pas com-
» mencer à vous parler , sans avoir
» le temps de vous tout dire, j'en-
» tends ce qui me concerne, moi. »
Et se rapprochant de lui , avec ces
manières séduisantes de la jeunesse
qui veut disposer un vieillard à être
son appui , elle ajouta : « Je vous
» supplie instamment d'engager ma
» grand'mère à aller cette après-dî-
» née chez madame de Limours. » —
Ce mot instamment l'étonna : « Chez
» madame de Limours ! » répéta-
t-il en ouvrant de grands yeux. —
« Sans doute, répondit-elle : mais
» savez-vous que vous avez toujours
» l'air de tomber des nues? cependant
» je vous le passe aujourd'hui. Oh!
» vous ne pouvez pas comprendre
» combien je vous aimerai , si vous

» persuadez à ma grand'mère de
» faire une visite à madame de Li-
» mours. » — « Cette visite ne peut
» donc pas se remettre à demain ? »
demanda-t-il. — « Mon ancien ami,
» lui dit-elle avec impatience , il
» faudra y retourner encore demain,
» tous les jours , pendant une se-
» maine peut-être ; qui sait ? enfin
» tant que je le voudrai. » — « Ma-
» demoiselle , Mademoiselle , repar-
» tit monsieur d'Entragues , dussé-je
» vous déplaire , je vous répéterai
» encore qu'il y a trop long-temps
» que vous me promettez votre con-
» fiance , sans me l'accorder : ma
» tendresse pour vous s'en inquiète ;
» et , c'est un point arrêté, je veux
» tout savoir. » — « Je ne demande
» pas mieux ; seulement , faites en

» sorte que je vous voie. Vous ne
» venez ici que pour ma grand'mère:
» elle est toujours avec vous; et vous
» ne remarquez pas que vous êtes
» mon ami à qui je ne puis jamais
» parler. Cela est agréable, n'est-ce
» pas ? » — Ils se mirent tous deux à
rire, et il l'assura qu'ils iraient le soir
chez madame de Limours, puisqu'elle
l'ordonnait. « Du reste , continua-t-
» il , un matin je viendrai ici avant
» l'heure où madame de Nançai peut
» me recevoir; alors, si vous daignez
» vous trouver dans le jardin , j'irai
» vous y chercher. » — « Que vous
» êtes aimable et bon ! » s'écria Blanche : elle fut au moment de l'embrasser tant elle était satisfaite; mais sa
grand'mère parut , et ce fut elle
qu'elle alla combler de ces caresses

naives qui prouvent si bien l'inno-
cence et la joie du cœur.

Après dîner, monsieur d'Entragues
refusa de jouer au trictrac, en disant
qu'il avait promis de se rendre chez
madame de Limours. A l'instant madame de Nançai reprit qu'elle irait
aussi , et lui proposa de l'y mener.
Blanche admirait, avec quel air d'insouciance, il ne manquait jamais de
faire vouloir à sa grand'mère tout ce
qu'il désirait.

Madame de Limours était seule
quand ils arrivèrent. Si Blanche entendait une voiture entrer dans la
cour, elle regardait monsieur d'Entragues , et souriait. Lorsqu'on ou-
vrait la porte pour annoncer quelqu'un , elle détournait la tête; car
ce n'était point ceux qu'elle atten-

dait. La soirée se passa dans ces anxiétés. Sa grand'mère s'étant levée pour sortir , madame de Limours la pria de venir dîner chez elle le jour suivant. Blanche en fut si contente , que l'étourdie s'approchant de cette pauvre malade , lui dit tout bas : « Monsieur de Fargy est aujour-
» d'hui bien heureux ; sa tristesse
» ne vous affligera plus. » Et voyant que madame de Nançai était déjà hors du salon , elle courut la rejoindre sans attendre de réponse.

En revenant, elle parla de madame de Limours d'un ton si animé , que sa grand'mère en prit de l'ombrage. « Quelle douceur dans ses souffrances!
» disait Blanche; jamais une plainte;
» toujours occupée des autres ! près
» d'elle , on éprouve le besoin de

» lui parler de ses peines ; car on
» sent qu'elle les partagerait : et s'il
» arrivait un bonheur imprévu, on
» voudrait le lui apprendre pour lui
» faire plaisir ; je suis sûre qu'il de-
» viendrait le sien. » Blanche aurait
étendu cet éloge à l'infini, si sa
grand'mère ne l'avait pas arrêtée en
lui disant : « Comment savez-vous
» tout cela ? quelles preuves en avez-
» vous ? Je pense beaucoup de bien
» d'elle, moi ; cependant je ne la
» crois point parfaite, vu que per-
» sonne ne l'est. »

Madame de Nançai rentra chez
elle, disposée à gronder tout le
monde. Elle n'ignorait pas qu'elle
était un peu susceptible : car dans
la vie on a eu plus d'une affaire avec
soi-même ; et si l'on ne se connaît

pas parfaitement, on se doute bien
au moins de quelque chose. Mais elle
savait, d'une manière plus claire,
qu'elle était sensible, bonne, et qu'aucun sacrifice ne lui coûterait pour
ceux qu'elle aimait. Elle prétendait
donc que sa petite-fille ne vît que
ses qualités, et ne s'aveuglât point
sur le mérite des personnes qu'elle
n'avait pas eu le temps de juger.

Cette amitié nouvelle de Blanche
pour madame de Limours affaiblit
beaucoup l'éloignement que sa grand'-
mère avait pour madame de Fargy.
Elle commença même à la plaindre
d'avoir cru à l'attachement exclusif
d'une si jeune personne.

Monsieur d'Entragues donna le
bras à madame de Nançai pour re-
monter chez elle, et fit signe à Blan-

che de les laisser seuls. Le dîner du
lendemain lui paraissait fort aventu-
ré; il craignait que, dans le premier
mouvement de sa vivacité, madame
de Nançai n'envoyât dès le matin quelque excuse dont Blanche serait sûrement très-fâchée. Il ne voulait pas
qu'elle fît d'imprudence; mais il ne
pouvait consentir non plus à lui voir
aucune peine.

Dès qu'elle se fut retirée, madame de Nançai dit à monsieur d'Entragues : « Concevez-vous rien aux
» engouemens de Blanche? La voilà
» qui aime madame de Limours,
» mille fois plus qu'elle n'a jamais
» aimé madame de Fargy. » — « Vous
» ne voulez point, répondit-il, que
» le cœur soit jeune ? A cet âge tout
» est passion : lorsque vous estimez,

» elle admire ; quand vous exami-
» nez, elle croit : c'est dans l'ordre. »
— « Oh ! je me doutais que vous la
» défendriez. » — « Non ; je suis
» monté pour vous supplier de ne
» pas la tourmenter. Je vous le pré-
» dis ; sans altérer son attachement,
» vous finirez par perdre sa con-
» fiance. Elle vous dissimulera ses
» pensées, se le reprochera, parce
» qu'elle vous aime de préférence à
» tout ; mais.... » — « C'est bon,
» c'est bon ; mais moi ! je sais que
» je ferai dire à madame de Limours
» que j'avais oublié un engagement. »
— « Nous y voilà, répliqua-t-il ; et
» c'est tout juste ce que je veux em-
» pêcher. Mademoiselle de Nançai
» verra très-bien que vous refusez
» d'aller chez madame de Limours,

» parce qu'elle l'a trouvée aimable.
» Vous flattez-vous qu'elle vous sa-
» che gré de contrarier toutes ses
» affections ? » — Jamais monsieur
d'Entragues n'avait traité son ancienne amie avec tant de sévérité :
elle en était confondue ; aussi l'empire qu'il avait sur elle s'en accrut.
Elle promit comme un enfant d'aller le lendemain chez madame de
Limours.

Lorsqu'il fut sorti, elle se mit à
réfléchir à ces tristes vérités qu'il lui
avait dites sans ménagement. Gron-
dée par lui, elle devenait son propre
défenseur , et cherchait tous les
moyens d'avoir raison ; tandis que s'il
se fût borné à la plaisanter comme
à l'ordinaire , s'il lui eût fait entrevoir ses torts sans trop les prouver,

elle aurait béni l'ami qui avait toujours été son guide le plus sûr.

Le lendemain, monsieur d'Entragues se rendit de son côté chez madame de Limours. Il affectait toujours de se montrer piqué contre madame de Nançai, quand il lui avait donné à elle-même le droit de se plaindre. C'était son moyen d'éviter les reproches, la bouderie, enfin tous ces orages qui s'élèvent dans les liaisons les plus constantes et les plus intimes. Elle l'aurait bien puni, si elle n'eût pas fait attention à ces airs de fausse gravité ; mais jamais un calcul n'entra dans sa tête. Dès qu'il paraissait mécontent, elle était assez bonne pour revenir la première, et s'empresser de ramener son ami. Il admirait tant d'indulgence, et pourtant se gardait

de la louer sans y mêler un peu de
raillerie. Il savait que, malgré son
âge, elle avait encore une jeunesse
d'ame si vive, que lorsqu'il avait l'air
satisfait elle ne se possédait plus; il
devenait impossible de la conduire;
et cependant, elle en avait grand besoin, pour son propre bonheur et
celui des autres.

Madame de Nançai, après l'avoir
attendu long-temps, fut obligée de
partir sans lui. Elle arriva d'assez
mauvaise humeur chez madame de
Limours. Quel fut le ravissement de
Blanche, lorsqu'elle vit madame de
Fargy et son fils! Ils étaient venus le
matin, dans l'intention de faire une
simple visite à madame de Limours;
mais elle les avait suppliés de rester,
en leur annonçant qu'ils dîneraient

avec madame et mademoiselle de Nançai.

Blanche avançait derrière sa grand'-mère. Sûre de n'en être pas aperçue, elle faisait à madame de Fargy mille petits signes de joie et d'affection. Toujours inquiète de cette suscepti-bilité qui gênait tous ses mouvemens, ce fut près de madame de Limours qu'elle alla s'asseoir. Madame de Nançai l'observa ; elle en devint plus pré-venante pour madame de Fargy. Monsieur d'Entragues était aussi fort occupé d'elle, et ne cessait de lui par-ler du plaisir qu'il avait à la revoir.

Il était tard ; on passa aussitôt dans la salle à manger. Madame de Li-mours se fit porter à sa place ; mon-sieur d'Entragues la suivit ; monsieur de Limours donna le bras à madame

de Nançai. Pendant qu'ils marchaient
assez lentement, Blanche se jeta dans
les bras de madame de Fargy : «Que
» je suis contente de vous revoir ! lui
» dit-elle ; combien vous êtes bonne
» de m'avoir appris la fin de vos
» tourmens ! Mon cœur est prêt à
» vous remercier de votre bonheur.»
— Madame de Fargy l'embrassa, et
lui rappela qu'on les attendait ; cependant son fils eut le temps de dire :
« Et moi, Mademoiselle, ne daigne-
» rez-vous pas remarquer aussi que,
» dans ce moment, je suis parfaite-
» ment heureux ? » — « Vos peines
» m'ont assez affligée, » répondit-
elle, « pour que vous ne doutiez
» pas.... » Et elle s'arrêta, sans savoir comment finir sa phrase.

Lorsqu'ils arrivèrent, ils trouvèrent , qu'en effet, tout le monde était resté debout à les attendre. Monsieur de Limours s'assit entre madame de Nançai et madame de Fargy, et monsieur d'Entragues auprès de madame de Limours. Elle fit signe à Blanche de venir prendre l'autre place à côté d'elle. Monsieur de Fargy se trouva donc naturellement près de mademoiselle de Nançai.

Au commencement du dîner, on se disait quelques mots sans suite ; Blanche et monsieur de Fargy gardaient seuls le silence. Mais, quand la conversation devint générale, il lui dit : « Ma mère vous a appris tout » ce que nous avons souffert. Ce— » pendant , j'ignore si elle a pu vous » peindre la reconnaissance que votre » douce pitié m'a inspirée. Je n'ou—

» blierai jamais la bonté qui vous
» porta à venir dans le parc de ma-
» dame de Limours. » Elle rougit
et baissa les yeux, sans lui répondre...... Il baissa aussi les siens, en
lui demandant : « Avez-vous daigné
» conserver ce dessin où est le por-
» trait de ma mère ? » — « Oui; et,
» quand j'ai su que vous étiez avec
» elle, je vous ai donné l'air de bon-
» heur que je vous supposais. » Il la
regarda avec attendrissement. «Avez-
» vous aussi changé l'expression du
» sien? reprit-il; a-t-elle l'air conten-
» te? » — Blanche s'aperçut qu'elle
n'avait pas songé à retoucher les traits
de madame de Fargy. Elle parut em-
barrassée; il osa croire qu'elle n'avait
pensé qu'à lui... Plus heureux qu'elle,
il parvint toutefois à cacher l'impres-

sion qu'il éprouvait; et, pour la rassurer, il voulut parler de choses indifférentes.

« Mon père, lui dit-il, se pro-
» pose de passer quelque temps dans
» une terre que je ne connais pas,
» où tout me sera étranger. Ce voyage
» m'éloignera d'ici.... » Et il ajouta :
« Si je pouvais du moins y trans-
» porter un seul arbre du parc de
» madame de Limours, je sens qu'il
» suffirait pour que ce séjour me de-
» vînt cher ! »

Blanche soupira. Elle se rappelait
aussi cet arbre d'où elle l'avait vu s'é-
loigner, en disant : Pour jamais.....
« Oublions le passé, reprit-elle ; au-
» jourd'hui, il ne faut songer qu'au
» bonheur ! » — Il se troubla, et
d'une voix altérée lui dit : « Vou-

» lez-vous que j'oublie cet instant
» dont le souvenir m'a souvent con-
» solé?... » — Il avait l'air si affligé
qu'elle ne put s'empêcher de dire :
« Je ne veux rien qui vous fasse de
» la peine. »

Madame de Limours, tout en pa-
raissant causer avec monsieur d'Entragues, les avait écoutés; mais ils
parlaient si bas qu'elle ne put les entendre. Elle craignit qu'on n'aper-
çût qu'ils étaient uniquement occupés l'un de l'autre; et s'adressant à
Blanche, elle ne cessa plus d'attirer
son attention.

Après dîner, monsieur de Limours
proposa à madame de Nançai de jouer
au reversi avec madame de Fargy,
monsieur d'Entragues et lui; elle ac-
cepta. Blanche et monsieur de Fargy

restèrent près de madame de Limours. Il rappela les fêtes qu'il avait
vues chez elle; mais, dans chaque
mot, dans chaque détail, il désirait
faire sentir à Blanche qu'aucun de
ses mouvemens ne lui avait échappé. C'était le souvenir vif des plus
légères circonstances : le bal, la
chasse, le concert, tout lui four-
nissait un moyen de lui parler d'elle-
même. Elle devinait ses pensées; les
siennes étaient semblables. « A ce
» concert, lui dit-elle, combien cette
» musique gaie m'était importune !
» Tout contraste avec vos sentimens
» me blessait. » Dès qu'ils eurent com-
mencé à causer, leur entretien devint
plus animé; ils ne songèrent plus à
madame de Limours. Elle les considérait avec un intérêt mêlé d'in-

quiétude. La vue d'un amour si doux
et si pur pénétrait son cœur ; et elle
faisait des vœux, pour que madame
de Nançai pût approuver une affection qui devait faire leur bonheur à
tous.

Blanche, tout entière à des impressions si inattendues, ne voyait rien
de ce qui se passait autour d'elle.
Elle ne s'était pas approchée de la
table de reversi ; elle n'y avait pas
même pensé. Lorsque la partie fut
finie, le bruit de ces quatre fauteuils
poussés à la fois la fit tressaillir ; ses
regards se portèrent vers cette table.
Sa grand'mère, choquée de lui voir
oublier madame de Fargy, tâchait
de réparer sa négligence en la com-
blant de soins et d'égards ; mais n'y
pouvant plus tenir, elle fit signe à

Blanche de venir près d'elle , et lui dit tout bas de s'occuper de son ancienne amie.... Blanche, étonnée , chercha les yeux de monsieur d'Entragues, pour savoir le motif d'une attention si extraordinaire. Lui, qui devinait mieux les sentimens de cette jeune personne, secoua la tête, et la regarda d'un air assez mécontent. Aussitôt , elle s'assit près de lui, et devint aussi sérieuse qu'elle avait été gaie.

Madame de Nançai pria vivement madame de Fargy de venir la voir quand elle serait à Paris. « Madame, » lui dit-elle , votre présence sied » très-bien à monsieur votre fils; ce » n'est plus le même homme. Il a au- » jourd'hui un air de félicité qui me » plaît. » En même temps, elle lui sourit, mais ajouta : » On doit bien » envier une mère si tendrement » aimée ! » Ces mots prononcés avec aigreur, s'adressaient à Blanche; puis, revenant à madame de Fargy, elle lui dit : « J'espère, Madame, » qu'il voudra bien vous accompa- » gner, et que mon grand âge ne » lui fera pas peur. »

Madame de Fargy, madame de Limours, monsieur de Fargy, Blanche elle-même, tous baissèrent les yeux ; ils se sentaient embarrassés, comme si tous eussent contribué à la crédule confiance de cette pauvre grand'mère. Monsieur d'Entragues remarqua ce mouvement subit, unanime, et leur en sut gré; mais il sentit aussi, plus que jamais, la nécessité de mettre Blanche en garde contre un penchant qui n'aurait peut-être pas l'assentiment de madame de Nançai. Avec son caractère, il était impossible de prévoir comment les choses s'arrangeraient dans son esprit. D'ailleurs, un mariage lui paraissait une affaire trop grave, pour qu'il voulût influer sur ses résolutions.

Le jour suivant, Blanche le reçut d'une manière charmante ; car elle aimait sincèrement cet aimable vieillard. Peu à peu il se laissait attendrir; sa faiblesse le révoltait, mais il ne pouvait résister au ton doux et sensible de cette jeune personne. Il lui conta des histoires, parce qu'elle en demandait. Il chercha à lui plaire, à l'amuser. Elle ne se doutait pas, qu'intérieurement, il était bien décidé à s'armer de rigueur, dans l'en-

tretien qu'il devait avoir avec elle.
Il l'avertit que le lendemain il viendrait de bonne heure.

Lorsqu'il arriva, madame de Nançai n'était pas encore levée. Il se rendit dans le jardin, et Blanche courut
l'y trouver. « Hé bien ! Mademoi-
» selle, lui dit-il d'abord, qu'avez-
» vous à me dire ? » — Cette inter-
rogation subite, imprévue, la sur-
prit ; et elle lui répondit : « Mais rien
» du tout, je crois. »—« Rien ! vous
» croyez ? Alors, je vais vous de-
» mander ce que vous pensez de l'in-
» térêt que monsieur de Fargy vous
» inspire ? » Elle lui dit avec étonnement : « Je l'éprouve sans y pen-
» ser. »

Il sourit ; et, reprenant aussitôt
le sérieux qu'il voulait garder, il

ajouta : « Puisque c'est sans y pen-
» ser, je vais me permettre de vous
» adresser deux questions. Vous êtes
» si vraie, que je croirai à ce que
» vous allez me dire, comme si je
» lisais dans votre cœur. » — Cet
appel si grave à sa sincérité la porta
à réfléchir, à peser chacune de ses
paroles, et lui rendit la moindre ré-
ticence impossible. « Si madame
» votre grand'mère vous proposait
» un mariage convenable sous tous
» les rapports, avec un homme dont,
» si vous voulez, nous supposerons
» le nom, y consentiriez-vous sans
» peine ? » — « Non, » dit-elle tristement. —« Si madame votre grand'-
» mère accordait votre main à mon-
» sieur de Fargy, l'accepteriez-vous
» pour époux ? »—Elle resta quel-

que temps en silence, et répondit en
tremblant : « Il aime tant sa mère!...
» Vous m'avez dit souvent que les
» vertus se tenaient par une chaîne
» invisible.... Je crois qu'il rendrait
» sa femme heureuse. » — « Vous
» reconnaissez donc qu'il vous plaît,
» que vous l'aimez? » — « Je n'a-
» voue point cela, reprit-elle : reve-
» nons plutôt à votre première ques-
» tion. Si ma grand'mère me pro-
» posait un mariage qui dût me
» rendre malheureuse , mon parti
» est pris ; je lui demanderais de
» consentir à me laisser vivre près
» d'elle, sans rien changer à mon
» sort. Sa bonté m'attache, me suffit,
» et je bénis tous les jours le ciel
» qu'elle ait un ami comme vous. »
Monsieur d'Entragues se détourna,

pour ne pas laisser voir à cette jeune
personne combien son affection le
touchait. « Mademoiselle, reprit-il,
» convenons que nous ne parlerons
» plus de moi. Aussi bien, n'est-ce
» pas de moi qu'il s'agit. Vous vous
» faites illusion, en croyant qu'on
» peut vivre isolé. Il faut avoir une
» maison, des entours, tenir à beau-
» coup de liens, pour espérer quel-
» ques soins dans la vieillesse. D'ail-
» leurs, madame votre grand'mère
» est bien âgée ; vous pouvez la
» perdre, et rester seule, lorsqu'à
» peine vous entrez dans la vie... »
— « Oh! s'écria-t-elle, ne me faites
» pas envisager un malheur sur le-
» quel je ne veux point m'arrêter!
» Tout ce que je puis vous redire,
» c'est que je me retirerais dans un

» couvent; et vous seriez mon ami
» et mon guide. » — « Moi ! répon-
» dit-il; songez que je n'espère plus
» qu'un petit nombre d'années; peut-
» être même ne dois-je compter que
» des jours. » — Blanche repartit
tout émue : « Voulez – vous donc
» m'affliger, en me faisant ainsi pré-
» voir la perte de tout ce qui m'est
» cher ? Mais , je vous le demande ,
» si tant de malheurs devaient m'ar-
» river, alors ne serait-il pas raison-
» nable d'arranger ma vie , suivant
» mes idées, plutôt que d'après les
» vôtres , et de juger pour moi-
» même, comment je serais moins à
» plaindre ? »

Monsieur d'Entragues ne sut trop
qu'alléguer contre une si bonne raison. Aussi lui dit-il : « Laissons

» toute cette triste prévoyance ,
» toutes ces idées de mort et d'a-
» venir ; elles nous sont venues je
» ne sais comment. Parlons de vous
» qui êtes jeune, et avez le temps
» d'être heureuse. Remettons-nous
» à ma seconde question : Vous
» flattez-vous, Mademoiselle, que
» madame de Nançai vous voie tran-
» quillement devenir la fille de ma-
» dame de Fargy ? » — « Je me le
» suis demandé, un jour où vous
» aviez de même porté mon esprit
» sur des pensées que je n'aurais ja-
» mais eues sans vous. Hé bien! car
» je veux être sincère, j'ai reconnu
» qu'elle le permettrait difficile-
» ment. » — « Alors, ne redoutez-
» vous pas un penchant qui ne peut
» vous causer que des chagrins ? »

— « Mais vous êtes singulier ! re-
» prit-elle ; c'est vous qui venez jeter
» le trouble dans mon esprit : j'étais
» paisible, contente ; je ne son-
» geais qu'à soigner ma grand'mère,
» qu'à lui consacrer ma vie. Je fai-
» sais mon unique plaisir de votre
» société et de la sienne : j'osais,
» il est vrai, rendre quelque justice
» au mérite d'amis bien chers ; mais
» cette justice impartiale m'est-elle
» défendue ? Vous venez avec vos
» questions bouleverser mon ame.
» Le mariage vous paraît-il donc si
» nécessaire, que je doive, à l'ins-
» tant, consentir à épouser la pre-
» mière personne qu'il vous viendra
» dans la tête de me nommer, et à
» renoncer à une préférence que je
» n'ai pu m'empêcher de sentir ? »

— « Si madame votre grand'mère
» l'exige ? » —Blanche soupira, et
dit avec douceur : « Si j'étais assez
» infortunée, je m'adresserais au
» ciel et à vous. »

Monsieur d'Entragues, ému malgré lui, repartit : « Je vous ai sup-
» pliée, Mademoiselle, de ne pas
» me mêler dans vos réponses. » —
« Vous me l'avez déjà dit, reprit-
» elle ; mais je vous ai promis d'être
» vraie ; je dois donc vous parler
» de ma seule espérance. » — « En-
» core ! » s'écria-t-il en prenant un
air tout fâché ; car il sentait bien
que si elle le voyait s'attendrir, il
serait subjugué. Blanche le savait
comme lui, et ajouta : « Laissez-
» moi à mon tour vous faire aussi
» deux questions : me verriez-vous

» malheureuse , sans en être affli-
» gé ? » — Il garda le silence. —
« N'avez-vous pas assez d'empire sur
» ma grand'mère pour me protéger,
» s'il était possible qu'elle voulût dis-
» poser de moi sans mon aveu , et
» contraindre mes sentimens ? » —
« Mais, Mademoiselle, il faut savoir
» si ces sentimens sont raisonnables,
» s'ils feront votre bonheur.... J'ai
» souvent rencontré madame de
» Fargy dans le monde ; pour son
» fils, je ne le connais pas du tout. » —
« Vous y revenez toujours ! Si vous
» imaginez que je l'aime, je dois
» croire que vous le haïssez, car il
» vous occupe beaucoup. Je suis
» même convaincue que vous ne
» m'aimez plus ; sans cela, vous ne
» chercheriez pas à me dissimuler que

» ma grand'mère ne veut jamais que
» ce que vous approuvez. Au reste,
» je ne l'ignore pas; et si j'ai des
» chagrins, ce sera votre faute. » —
« Voilà bien, répliqua-t-il, l'injus-
» tice, l'exigence d'une jeune per-
» sonne! Faites-lui la moindre re-
» présentation? c'est qu'on ne l'aime
» plus. Présentez-lui des obstacles
» insurmontables? c'est qu'on ne veut
» pas la servir. » — « Je ne dis pas
» tout cela; mais actuellement, per-
» mettez-moi à mon tour de vous
» faire deux propositions. La pre-
» mière, de me laisser comme je suis,
» puisque mon sort me plaît; la se-
» conde, que vous examiniez vous-
» même ce qui convient le mieux à
» mon avenir. Croyez-moi; vous
» aurez beau vous montrer sévère,

» je sens que je puis vous confier le
» soin de mon bonheur. » — « Vous
» espérez que je ne verrai que par
» vos yeux, répliqua-t-il. » — Elle
sourit sans lui répondre. — « Au
» moins, vous ne le niez pas, ajou-
» ta-t-il ; c'est cela de gagné. Ce-
» pendant, j'accepte vos deux pro-
» positions. Mais je vous demande
» de ne plus vous abandonner à ces
» rêveries d'une félicité à laquelle il
» faudra peut-être renoncer. Je vous
» prie, pendant quelque temps, d'é-
» viter monsieur de Fargy, et même
» sa mère. » — « Lui, j'y consens ;
» mais elle, je l'affligerais, et vous
» ne pouvez pas le vouloir. » —
« Laissez-moi veiller sur vous, pour
» vous : car, mon enfant, permettez
» cette expression, ma chère enfant,

» nul ne vous chérit autant que moi.
» Si je trouve que ce jeune homme
» mérite votre affection, je serai
» trop heureux; mais si je viens
» vous dire qu'il faut l'oublier, y
» consentirez-vous? » — « Ah! je
» puis bien m'y engager, répondit
» Blanche; car plus vous le connaî-
» trez, plus vous l'aimerez : j'ai été
» de même. »

Il se mit à rire malgré lui, et
Blanche, consolée, s'écria : « Mon
» plus grand bonheur est de vous
» avoir pour ami. Pendant que vous
» allez examiner tous les cœurs,
» amusez-vous à lire dans le mien;
» vous en serez content, je vous
» assure. »

Monsieur d'Entragues, ayant vu
les fenêtres de madame de Nançai

ouvertes, se leva en disant : « Je vais
» me présenter chez madame votre
» grand'mère. A présent que nous
» venons, vous et moi, de conclure
» un traité en forme, nous devons
» prendre garde de la fâcher. » —
« C'est bien important, reprit Blan-
» che; mais si elle me demande de
» qui nous avons parlé, que lui ré-
» pondrai-je? »

Il avait ri, c'était un homme perdu ; et il riait encore de voir comment
cette jeune personne, sur une légère
espérance, l'associait à tous ses intérêts. « L'idée me vient, répliqua-t-il,
» qu'il faut lui dire que nous avons
» parlé de madame de Limours. » —
« C'est impossible, je n'y ai seule-
» ment pas songé. » — « N'importe,
» ajouta-t-il gaiement; ces jours der-

» niers, vous étiez fort occupée
» d'elle ; continuez de même devant
» votre grand'mère. Vous n'aviez
» aucun dessein prémédité, et le ha-
» sard ne vous a jamais si bien ser-
» vie. » — Il se rappelait l'humeur
de madame de Nançai contre cette
amitié nouvelle, et pensait qu'il serait
plus facile de la ramener vers madame de Fargy, si elle cessait de la
croire le premier et le plus cher attachement de Blanche.

« Ètes-vous donc persuadé, reprit-
» elle, que madame de Limours ait
» du pouvoir sur l'esprit de ma
» grand'mère ? » — « Bien plus que
» vous ne l'imaginez ! Écoutez mon
» expérience : soignez-la, aimez-la ;
» ne parlez que d'elle, et vous verrez
» quel bon effet vous produirez. » Il

s'en alla, étonné de s'intéresser si vivement à cet amour d'enfant, qui pouvait devenir un bonheur.

Blanche retourna chez elle, fort surprise de la recommandation de monsieur d'Entragues. Mais tout ce qui était ce qu'elle appelait *faire exprès*, la gênait. Entraînée par goût vers madame de Limours, elle ne savait plus comment lui témoigner son affection. Cela devenait une affaire, depuis que c'était pour suivre les conseils de son ami.

Monsieur d'Entragues resta chez madame de Nançai. Le soir, Blanche demanda en rougissant, si on n'irait pas faire une visite à madame de Limours? Elle n'avait pas prononcé ces paroles, qu'on entendit une voiture, et l'on annonça madame de

Fargy. « Voulez-vous encore sortir
» tout de suite ? dit sa grand'mère
» d'un air moqueur. » — « Non,
» Maman, répondit Blanche ; cela
» ne serait pas poli. »

Madame de Nançai s'avança pour
recevoir madame de Fargy, et lui
reprocha de n'avoir pas amené son
fils. Elle s'excusa, en disant que son
père étant seul, il était resté près de
lui. Cette attention respectueuse plut
à madame de Nançai ; elle fit un grand
éloge de ce jeune homme, assura qu'il
n'avait rien de l'insouciance, de la
légèreté devenue à la mode dans le
temps présent. A ces mots, monsieur
d'Entragues et Blanche se regardè-
rent en même temps.

Madame de Fargy n'avait point
voulu que son fils l'accompagnât,

parce qu'il lui avait avoué ses sentimens pour Blanche. Sa délicatesse ne
lui permettait pas de l'amener chez
madame de Nançai tant qu'elle les
ignorerait ; mais , sans effort, sans
projet, inspirée uniquement par sa
tendresse , elle fut charmante pour
cette grand'mère dont le bonheur de
son fils pouvait dépendre. Ses opinions, ses goûts n'avaient jamais dif-
féré de ceux de madame de Nançai.
Aussi, tout naturellement, elle parla
du dernier règne avec enthousiasme.
En ne disant que sa pensée , elle répondait aux regrets de madame de
Nançai , aux souvenirs de monsieur
d'Entragues. Cette conversation parut
leur plaire également. Blanche les
voyant tous deux si satisfaits, s'approcha de lui, et d'un air de triom-

phe lui dit : « Eh bien!... » — « Je
» vous comprends, répondit-il; mais
» il faut connaître son fils.... » —
Blanche s'éloigna, fâchée qu'il lui
restât le moindre doute, quand elle
n'en avait aucun.

Madame de Fargy le pria de venir
les voir à St.-Maur. « Nous sommes
» fort occupés, lui dit-elle, à arran-
» ger un jardin qui, j'espère, vous
» plaira. Mon fils a placé devant mes
» fenêtres un assez grand nombre
» d'orangers, comme vous en avez
» vu dans les jardins de Clagny ;
» toutes les caisses sont entourées
» de tubéreuses, d'œillets, de roses
» et de jasmins. »—« C'était en effet
» un enchantement que ces jardins
» de Clagny! » reprit monsieur
d'Entragues. — « Oh! le véritable

» enchantement, » dit madame de Nançai, « c'est d'avoir un fils comme » monsieur de Fargy. » Sa mère, heureuse de l'entendre louer, parla de lui avec une affection si tendre, une estime si parfaite, que madame de Nançai serra sa main dans les siennes, en la félicitant de son bonheur.

Lorsqu'elle se leva pour s'en aller, Blanche la reconduisit; et dès qu'elles furent seules dans le premier salon, elle l'embrassa, et la pria de venir bientôt la voir dans le jardin, aux heures où sa grand'mère ne recevait jamais personne. « Que je puisse du » moins causer avec vous! » disait-elle.—Monsieur d'Entragues lui avait appris que ces heures, ce jardin pouvaient être consacrés à la confiance , à l'amitié. Pauvre monsieur d'Entragues, comme toujours sa prudence tournait contre lui !

Madame de Fargy promit de revenir au premier jour , et de rester long-temps avec elle. Puis elle ajouta : « Mon enfant, rendez-moi la » lettre que je vous ai écrite, et que » vous avez encore. » — « Ce n'est » pas ma faute, reprit Blanche ; ne » vous ayant vue qu'avec du monde, » je n'ai pas eu le temps de vous la » remettre. »—« Cela est vrai; pour- » tant j'en ai besoin. » — Aussitôt Blanche la quitta, et courut chercher cette lettre , qu'elle avait relue tant de fois !

Madame de Nançai, n'ayant pas entendu sortir la voiture de madame de Fargy , pria monsieur d'Entra-

gues d'aller savoir ce qui la retenait.
Il entra dans le salon , et fut étonné
de la trouver seule ; mais avant qu'il
eût pu lui en demander la raison ,
Blanche arriva ; elle s'arrêta à sa vue,
et parut vouloir cacher ces papiers
qu'elle apportait. Madame de Fargy
les prit ; et s'adressant à monsieur
d'Entragues , lui dit : « C'est une
» lettre que j'avais confiée à Blanche,
» et que j'ai désiré qu'elle me ren—
» dît. » — Il fit une profonde révé-
rence , en s'éloignant comme un
homme qui craint de gêner. « Non,
» non , s'écria madame de Fargy ,
» vous ne me laisserez pas ainsi ;
» j'espère que vous me donnerez le
» bras jusqu'à mon carrosse. »

Blanche était confondue de voir
comme tout semblait la faire paraître

sous un aspect défavorable. Il va,
se disait-elle, me demander ce que
c'est qu'une si grande lettre ; je ne
pourrai pas le lui dire ; il doutera de
ma confiance ; son amitié pour moi
s'affaiblira : mon Dieu, que je suis
malheureuse ! Cependant, pour retarder au moins une explication qu'elle
croyait inévitable, elle s'empressa
de retourner près de sa grand'mère.

Monsieur d'Entragues, en con-
duisant madame de Fargy, regardait avec étonnement ces nombreux
cahiers. La surprise de Blanche, lorsqu'elle l'avait trouvé dans le salon,
ne lui avait pas échappé ; et tout ce
qui semblait avoir l'apparence du
mystère, dans la conduite de cette
jeune personne, l'affligeait. Madame
de Fargy devina toutes ces impres-

sions, et lui dit en souriant : « Vous
» êtes un homme de trop bon goût
» pour être curieux, si notre jeune
» amie ne vous intéressait pas vive-
» ment. Aussi, loin de me fâcher,
» je vous en sais gré. Cette lettre est
» de moi; j'ai cru devoir la lui écri-
» re, pendant que j'étais encore à
» Ste.-Élisabeth. Je l'ai priée de n'en
» point parler; ainsi promettez-moi
» de ne pas la troubler, en insis-
» tant sur ce qu'elle ne se croira pas
» permis de vous dire. La pauvre en-
» fant me fait pitié; elle a trop de
» candeur pour se tirer de tant d'em-
» barras. » Satisfait d'une explication
si simple, il promit de ne faire aucune question à Blanche, s'engagea
à aller à Saint-Maur, au commencement de la semaine suivante, et

rentra chez madame de Nançai de très-bonne humeur.

Les jours d'après se passèrent dans cette famille comme de coutume. Monsieur d'Entragues se divertissait à rappeler souvent à Blanche qu'il était fort important d'aller chez madame de Limours. Dès qu'elle en témoignait le désir, sa grand'mère grondait ; lui, riait et disait à Blanche : « Tout s'arrange à souhait. » Elle ne le comprenait plus, devenait triste ; alors madame de Nançai, bien qu'en murmurant, cédait à ses désirs. Le vieil ami s'amusait, et des chagrins de l'âge, et des anxiétés de la jeunesse.

Il partit quelques jours après pour Saint-Maur, très-décidé à examiner sévèrement ce jeune homme dont il ne cessait d'être occupé. Le comte

de Fargy le reçut comme une ancienne connaissance qu'il était charmé
de retrouver. Madame de Fargy,
quoique fort contente de le voir,
n'eut pour lui que ces attentions
bienveillantes qu'on aurait pu prendre pour les égards ordinaires d'une
personne polie. Son caractère simple
et noble réglait toujours tous ses mouvemens.

Monsieur d'Entragues la pria de
lui montrer ces beaux orangers dont
elle lui avait parlé. On se rendit dans
le jardin. Il en prit occasion de demander où était son fils; car il commençait à craindre qu'il ne fût absent. Elle lui apprit que Chirac l'a-
vait prié de venir avec lui à la chasse.
« Vous savez, ajouta-t-elle, que les
» désirs de ce bon docteur s'expri-

» ment comme des volontés. Ils vont
» rentrer tous deux. » Elle retourna
chez elle, en disant qu'elle allait les
envoyer chercher, et le laissa avec
le comte de Fargy.

Monsieur d'Entragues, certain de
parvenir au but qu'il s'était proposé,
se livra à sa gaieté. Ces fleurs, ce
jardin, lui rappelaient la triomphante
beauté de madame de Montespan. Il
croyait la voir encore, recevant à
Clagny toute la cour, la reine même,
et exigeant plus de respect que cette
princesse. Il parlait avec ravissement
de ces temps de galanterie, où, jeune
et sensible, il avait brillé à ces fêtes
dont le souvenir l'enchantait. « Quand
» les mœurs actuelles me déplaisent
» par trop, disait-il, je ferme les
» yeux, et me transporte à ces jours

» de féerie ; je jouis, dans ma pensée,
» de ces plaisirs élégans, délicats, que
» le goût de l'esprit embellissait tou-
» jours. »

Le comte de Fargy, sans lui rien disputer, regretta de n'avoir vu que les dernières années d'un roi devenu triste et sévère. Comme ils cherchaient à se plaire, et que ce règne avait été séparé en deux époques bien distinctes, l'un parlait avec vivacité des plaisirs de sa jeunesse, l'autre se plaignait doucement du sérieux qui avait ennuyé la sienne. Leur ton n'avait rien de positif ; leurs expressions étaient modérées. Sans abandonner aucune de leurs opinions, tous deux avaient la grâce, la facilité de l'insouciance, et s'embarrassaient peu de convaincre.

Le marquis de Fargy vint leur annoncer que sa mère les attendait. Il
salua monsieur d'Entragues avec le
respect dû à son âge. En entrant dans
le salon, ils trouvèrent Chirac. Monsieur d'Entragues lui témoigna une
véritable amitié. Sa manière d'envisager toute chose, ses reparties ori-
ginales et piquantes l'amusaient. Aussi, chaque fois qu'il le rencontrait,
se faisait-il un jeu de louer avec
excès devant lui tout ce qu'il savait
lui déplaire. Il reprit donc avec le
comte de Fargy la conversation qu'il
venait d'interrompre. Chirac critiqua
ces fêtes, se moqua de l'état de cour-
tisan, et des assiduités qu'il exige.
« C'est bien à vous à parler ainsi ! re-
» partit monsieur d'Entragues, vous
» qui êtes un véritable favori. » —

« Ah! pour cela, je le puis en sûreté
» de conscience. J'aime la personne
» de monsieur le régent ; mais, pour
» la place de son premier médecin,
» elle ne me gêne guère. Car, Mon-
» sieur le marquis, vous savez qu'il
» se vante de ne pas faire grand cas
» de mes conseils. Au surplus, je le
» lui dirais à lui-même : le vrai bien
» est de vivre chez soi, d'être indé-
» pendant, et surtout de s'étendre
» dans un bon fauteuil, au lieu de
» rester debout. » En disant cela, il
s'enfonça dans le sien comme pour
en prendre possession.

Monsieur d'Entragues et le comte
de Fargy rirent de cette idée, et, par
un mouvement involontaire, ils s'é-
tendirent aussi dans leurs fauteuils.
Cependant, pour exciter quelques-

unes de ses boutades, ils cherchè-
rent à l'impatienter, et se jetèrent
dans des récits merveilleux de cette
cour brillante. Ils affectèrent de parler avec admiration de ces mœurs
douces et faciles qui font passer à
travers la vie, sans s'irriter contre les
choses, ni se montrer trop mécontent
de personne. Chirac préférait de
beaucoup l'âpre franchise des anciens
temps. « Ah! pour l'âpre franchise,
» repartit monsieur d'Entragues, je
» l'admire fort; mais,» ajouta-t-il d'un
air ingénu et timide, « je n'ose pas
» la louer devant vous.» Chirac, songeant à sa brusquerie, convint qu'il
avait bien ses bonnes raisons pour
s'établir le défenseur des rudes manières, et se moqua de lui-même
tant qu'ils voulurent.

Ces Messieurs, le voyant de si belle humeur, crurent l'avoir confondu. Ils ne se bornèrent plus à louer ces formes séduisantes qui rendent la société si agréable; mais ils s'avisèrent de parler avec exagération de la sensibilité, de l'amitié....
— « Ah! je renais, » s'écria Chirac, en s'élançant de son fauteuil; « à
» présent, je vous tiens, Messieurs :
» parlons de l'amitié, si cela vous fait
» plaisir; mais j'entends de ces ami-
» tiés héroïques, qui viennent avec
» la fortune, et s'en vont avec elle.
» C'est en effet à Saint-Maur qu'on
» doit s'en souvenir. Je vois d'ici le
» château où Gourville donnait de
» si bons soupers! Grands et petits,
» pendant sa longue vie, avaient eu
» recours à lui ; il avait obligé tout

» le monde. Eh bien, Messieurs, il
» vint à ce pauvre homme un mal
» de jambe qui le retint six ans chez
» lui; la première semaine, quelques-
» uns passèrent à sa porte; après,
» on n'envoya même plus savoir de
» ses nouvelles. »

« C'est impossible, » répéta plusieurs fois monsieur d'Entragues, du
ton d'un homme qui ne voulait pas
avoir l'air de croire ce qu'il savait très-
bien. « Cela n'est pourtant que trop
» vrai, repartit Chirac; et lorsque je
» lui en témoignais mon étonnement,
» il me disait avec douceur : C'est
» ainsi que le monde est fait. J'en
» suis moins surpris qu'un autre;
» j'ai été mêlé à tant d'affaires, sans
» compter mes quatre-vingts ans !
» J'ai assez vu les hommes, pour sa-

» voir qu'on leur devient indifférent,
» dès qu'on ne peut plus leur être
» utile. Mais, je m'en console sans
» peine. Je n'ai plus qu'une ambition,
» ajouta-t-il un jour avec gaieté : au
» commencement de chaque année,
» je souhaite pouvoir arriver aux
» fraises; et quand elles sont passées,
» j'aspire aux pêches : cela durera
» ainsi, autant qu'il plaira à Dieu....
» — C'est qu'alors, continua Chirac,
» il était aussi avancé que je le suis
» aujourd'hui. » — « Je soupçonne,
» cher docteur, repartit monsieur
» d'Entragues, que vous deviez le
» trouver trop patient et trop doux.»
— « A merveille, monsieur le mar-
» quis, continua Chirac ; riez, si
» cela vous amuse. Mais ce que je
» puis vous affirmer, c'est que pen-

» dant six ans , ce bon vieillard est
» resté dans un complet abandon.
» Toutes les fois que j'allais le voir,
» je le trouvais toujours seul , le ma-
» tin , le soir , à toute heure : il n'y
» avait dans sa chambre que trois ou
» quatre anciens domestiques ; voilà
» les amis qui lui étaient restés. Elle
» m'est encore présente cette cham-
» bre. Il était toujours à la même
» place ; et une fois il me dit : Je
» suis ici, aussi oublié, aussi en repos
» que si j'étais mort... — Messieurs,
» il faut que l'ame ait souffert par
» bien des ingratitudes, avant d'a-
» voir une pareille pensée ; elle ne
» vient pas toute seule.... Au reste,
» cet exemple m'a fait beaucoup ré-
» fléchir. Il y a comme cela, dans la
» vie , deux ou trois rideaux qui

» s'ouvrent devant vous, et laissent
» voir les hommes comme ils sont.
» C'est bien triste. »

« Je crains, mon cher docteur,
» dit monsieur de Fargy, que vous
» ne deveniez misantrope. » —
« Moi, misantrope! Oh! pour cela
» non : car j'aime bien encore les
» gens que je ne connais pas. » —
« Vous êtes admirable ! repartit
» monsieur d'Entragues en riant ;
» et, s'il vous plaît, docteur, nous
» connaissez-vous, ou sommes-nous
» de ces gens heureux que vous ne
» connaissez pas? » — Chirac ne put
s'empêcher de rire lui-même de la
naïveté qui lui était échappée. Pour
la faire passer, il répondit : « Vous
» savez bien, Monsieur, qu'il est
» convenu, que ceux devant qui l'on

» parle ne sont pas ceux à qui l'on
» pense ; et j'ajouterai, sans compli-
» ment, car je ne suis pas flatteur,
» que, dans cet instant, rien n'est
» plus vrai. »

Madame de Fargy dit que Chirac avait raison ; qu'il fallait vivre dans sa famille, et compter sur bien peu de personnes. Alors il s'écria tout joyeux : « Nous voilà deux contre » deux ; c'est une affaire en règle. » Il faut nous séparer : je vais me » placer près de madame ; restez » où vous êtes, Messieurs, et nous » allons disputer jusqu'à ce qu'un » des partis se déclare vaincu. » — « Et de quel côté sera ce jeune » homme ? » demanda monsieur d'Entragues, en regardant le marquis de Fargy. — « Oh ! repartit le

» docteur, il jugera en dernier res-
» sort ; c'est la place qu'à son âge
» on prend toujours. » — Cette
gaieté fit oublier toute discussion.

Le reste de la journée se passa
dans ces causeries qu'un mot fait
naître, dont un rien distrait: point de
gêne, peu de suite, aucune préten-
tion, pas un instant d'exigence ;
ils parlaient comme leurs idées venaient.

Monsieur d'Entragues était très-
satisfait. En voyant le jeune marquis
de Fargy près de ses parens, il perdit toutes les préventions qu'il avait
eues d'abord contre lui. Il ne lui
trouvait plus cet air sombre qui lui
avait inspiré de l'éloignement. Sa dé-
férence attentive et respectueuse pour
son père, ses regards si tendres,

portés sans cesse vers sa mère, le touchaient; et il commençait à croire que Blanche ne s'était pas trompée. Cependant, il se promettait de le revoir encore, pour l'observer avec plus de soin. Il pensait aussi qu'il était nécessaire que madame de Nançai se liât davantage avec cette famille; et il espérait qu'alors elle pourrait s'y attacher. Il se disait qu'ils viendraient à Saint-Maur ensemble, qu'après ils en causeraient entre eux; et qu'il lui serait plus facile de la disposer favorablement pour ce jeune homme, s'il méritait l'affection de Blanche.

Il resta fort tard; le soir il dit à madame de Fargy, que si elle le permettait, il amènerait un jour madame de Nançai voir son jardin.

Cette proposition fit battre le cœur du marquis de Fargy ; il baissa les yeux et rougit. Sa mère jugea que leur intérieur avait paru agréable à monsieur d'Entragues ; c'était beaucoup, mais pas assez pour elle. Avant son départ, elle lui proposa de voir son appartement, et l'y conduisit.

Aussitôt qu'ils furent seuls, elle lui dit : « Je ne veux point que vous » engagiez madame de Nançai à ve— » nir ici sans Blanche, car cela se— » rait extraordinaire, ni que cette » jeune personne vienne chez moi, » avant que vous nous connaissiez » parfaitement. Je suis trop sincère » pour ne pas vous avouer que, de— » puis long-temps, mon fils ressent » pour elle une passion bien vive. » Le nom, la fortune, rendraient

» ce mariage très-convenable. Leur
» caractère assurerait leur bonheur,
» je n'en doute pas. Cependant, il
» importe que le parent et l'ami de
» madame de Nançai n'ignore aucun
» des événemens de ma vie; je dé-
» sire aussi que vous ayez pour mon
» fils toute l'estime qu'il mérite : per-
» mettez cet orgueil à une mère. »
Elle alla à son secrétaire, y prit des
papiers, et ajouta : « Voici la lettre
» que Blanche m'a rendue devant
» vous; je la lui écrivis à la prière
» de mon fils, qui alors ne croyait
» pas devoir prétendre à sa main. »
— « Pourquoi avait-il cette inquié-
» tude? » reprit vivement monsieur
d'Entragues. — « C'est ce que vous
» verrez en lisant cette lettre, ré-
» pondit-elle. Je puis vous dire

» seulement que j'ai plutôt affaibli
» qu'exagéré les vertus de mon fils.
» Je vais faire porter ces cahiers
» dans votre voiture, ne voulant
» point que personne ici sache que
» je vous les ai confiés. Mais je suis
» sûre de votre discrétion; ma bonne
» foi se livre à votre probité. »

Monsieur d'Entragues ne savait comment remercier assez madame de Fargy. Pourtant il la quitta aussitôt; car il désirait apprendre quels motifs avaient persuadé à son fils qu'il ne lui était pas permis d'élever ses vues jusqu'à mademoiselle de Nançai. Il s'agitait dans sa voiture, était impatient d'arriver pour lire cette lettre; il craignait d'y trouver des obstacles insurmontables, de ces fautes de jeunesse qui compromettent tout l'avenir. Sans doute, se disait-il, elles auront été réparées avec courage, puisque cette mère parle si hautement des vertus de son fils; mais, peut-être, rendront-elles le consentement de madame de Nançai difficile. Il pensait à Blanche; il éprouvait la sollicitude d'un vieil ami qui sent le bonheur de ce qu'il aime incertain. Dès qu'il fut de retour chez lui, il se mit à lire ces papiers, où le sort de cette jeune personne était renfermé.

Les torts du comte de Fargy ne l'étonnèrent pas; il en avait entendu parler vaguement. L'effet qu'ils avaient eu sur son esprit lui parut naturel : qui peut résister à des secousses si violentes et si inattendues? Cependant, il venait de le voir heureux, paisible, causant librement de toute chose, jouissant de l'affection des siens. Il ne doutait pas que cette crise affreuse, mais passagère, ne servît au moins à l'éloigner de ceux qui avaient contribué à l'égarer. Le dévouement passionné de son fils lui causa surtout une vive émotion. Il se pénétrait de ses sentimens, relisait chacune de ses paroles, aurait souhaité l'avoir près de lui pour lui dire : « Je vous honore, je vous aime; » et il trouvait que l'affection de Blanche n'était pas assez exaltée.

Aussi le jour suivant, quand il la revit, il voulut l'éprouver : « J'ai été » à Saint-Maur, lui dit-il; ce jeune » homme me plaît. » Elle parut enchantée. « Toutefois, continua-t-il, » un jour ne suffit pas; et le moins

» sage peut se contraindre assez bien
» pour tromper la prudence. Il fau-
» drait que je l'eusse vu davantage,
» pour asseoir mon opinion. Si vous
» savez de lui quelques traits géné-
» reux qui puissent me rassurer en-
» tièrement, dites-les moi, et je par-
» lerai à madame de Nançai. » —
« Non, reprit-elle avec tristesse : si
» je manquais à ma parole, je l'a-
» vouerais à sa mère, à lui-même ;
» il ne m'estimerait plus. » — «Mais,
» quand il saurait que c'est pour le
» servir ? » — « Lui ! il ne compose
» jamais avec ses devoirs. Il a rem-
» pli les siens, et n'a point examiné
» ce qu'ils pouvaient lui coûter ; je
» ferai de même : seulement, je crois
» qu'avant de le connaître, je n'au-
» rais pas si bien gardé mon secret. »

— « Ces papiers que vous avez remis
» à madame de Fargy ne le concer-
» nent-ils pas?..... Sans me rien
» avouer, ne pourriez-vous me faire
» pressentir ce qu'ils renferment?....
» songez que c'est pour lui. » —
« Vous me mettez au supplice, ré-
» pondit-elle : mais je l'admire en
» silence ; je l'imiterai, et ne me
» plaindrai pas ; le temps viendra où
» vous le jugerez mieux.» — « Vous
» me refusez donc votre confian-
» ce?... » — Elle ne répondit plus.
— « Je vais voir madame votre
» grand'mère tout-à-l'heure... dans
» l'instant.... Persistez-vous à ne me
» rien dire? » — « Oui, » reprit-elle
baignée de larmes. — Aussitôt monsieur d'Entragues, ravi, la prit dans
ses bras, la pressa contre son cœur,

en lui disant : « J'aurais excusé votre
» faiblesse; mais j'aime à vous trou-
» ver dignes l'un de l'autre ! » —
« O parlez, s'écria-t-elle : je suis cer-
» taine que vous savez tout; dites-le
» moi. » — « C'est aussi mon se-
» cret, répliqua-t-il ; mais comptez
» que je suis votre ami et le sien :
» néanmoins, ne le lui apprenez pas,
» que je n'y consente. » — « Soyez-
» en bien sûr; je ne le vois jamais. »
Cette ame naïve et pure était vraie,
sans y penser, sans même le vouloir.
Elle sentait qu'avec *lui* la discrétion
serait trop difficile, et que son absence seule pouvait rassurer monsieur d'Entragues.

Il ne rêvait plus qu'aux moyens de
décider madame de Nançai, d'abord
à marier sa petite-fille, car ce n'était

pas encore son intention ; puis à la donner au fils du comte de Fargy, qu'elle n'ignorait pas avoir été fort lié avec les amis du régent. Il n'y en avait pas un qui ne lui fût suspect ; et toujours elle s'exprimait sur eux avec amertume.

En causant avec madame de Nan-çai, monsieur d'Entragues essaya de porter la conversation sur la visite qu'il avait faite la veille. Comme elle était fâchée qu'il n'en fût pas revenu à temps pour la voir, ce sujet d'entretien ne réussit pas. Il parla de ce petit bois d'orangers, semblable à celui de Clagny..... Pour l'ordinaire, un mot, un nom qui lui rappelait les anciens temps la charmait ; cette fois, elle n'eut pas l'air d'entendre ces éloges qui lui déplaisaient, parce qu'elle avait de l'humeur. Dans son ennui, monsieur d'Entragues regardait sans cesse la pendule, pour savoir s'il pouvait convenablement s'en aller. Distrait, fatigué, il se retira plus tôt qu'à l'ordinaire.

Dès qu'il fut rentré chez lui, il reprit la lettre de madame de Fargy, la relut, et s'attendrit encore. Il désirait que ce fils si dévoué reçût la récompense de sa vertu; il prétendait aussi que sa petite amie Blanche fût heureuse, et il finit par se fâcher à son tour..... Ce n'est pas la peine, se disait-il, d'avoir conduit madame de Nançai toute sa vie, pour qu'elle m'échappe, quand je veux embellir ses vieux jours; car ce jeune ménage s'occuperait de la soigner, de la rendre heureuse..... Elle me consultait

sans cesse, et dans des circonstances
fort indifférentes : aujourd'hui, elle
sera capable de ne pas m'écouter.....
Il est vrai qu'il n'y a rien d'indifférent
pour ces personnes si vives : les
choses frivoles leur tiennent autant
au cœur que les affaires importantes ;
Dieu sait même si elles ne s'en occupent pas davantage, parce qu'elles re-
viennent plus souvent... Il se pro-
menait dans sa chambre, grondait sa
vieille amie, se grondait lui-même
de se faire un tourment de l'amour
de ces enfans, quand lui aurait dû
être si tranquille, n'ayant plus rien à
démêler avec les passions.

Il revenait toujours vers la table
où était cette lettre. Tout-à-coup,
il lui passa par l'esprit qu'elle pourrait toucher également madame de

Nançai. Aussi-bien , fallait-il qu'elle sût les secrets de cette famille : mais il pensa que s'il lui en parlait d'abord avec intérêt , elle s'armerait de défiance, commencerait à disputer, épiloguerait sur chaque mot, et prendrait peut-être une opinion tout opposée à celle qu'il voulait lui donner..... Il était embarrassé , s'impatientait..... recommençait sa promenade dans sa chambre..... Enfin il imagina de lui lire ces détails sous des noms supposés. Cette idée l'amusa d'abord..... Bientôt il n'y vit plus que le bonheur de Blanche et celui de sa grand'mère.

Cependant , changer les noms ne suffisait pas; elle aurait pu reconnaître les personnes. Le voilà donc, supprimant ce qui avait rapport à la cour de France , au régent, au système; atténuant les torts du comte de Fargy; se bornant à dire que ce père imprudent , entraîné par une société légère , avait joué, perdu sa fortune, et que la douleur d'avoir ruiné sa femme et son fils avait pour un moment troublé sa raison : c'était la vérité, mais adoucie.

Monsieur d'Entragues laissa religieusement tout ce qui était relatif à madame de Fargy et à son fils. Les soins d'une éducation qui avait disposé ce jeune homme à tant de vertus, ce pieux dévouement pour son père, il n'omit rien de ce qui devait toucher madame de Nançai. Il se livrait à ce travail, en se disant : Je choisirai l'instant propice, si avec elle il en est de durables; mais il faut d'abord nous raccommoder. Pour être plus sûr d'y parvenir, il se promit de ne pas retourner chez elle qu'elle ne l'en priât ; et plus d'une fois encore ! répétait-il comme un enfant lui-même. Je ne veux pas qu'elle imagine pouvoir gêner ma liberté...... A cette pensée, succéda le souvenir que depuis un si grand nombre d'années, il n'avait jamais passé un jour sans aller chez elle, ou du moins sans la prévenir qu'il lui était impossible de la voir... Ce souvenir l'émut ; il sentit qu'elle avait bien le droit de s'étonner qu'il l'eût oubliée , pour ce qu'elle croyait être de simples connaissances... Cependant pourquoi exiger ?..... Ne peut-on rien accorder au hasard ? à ces entraînemens d'une conversation qui plaît? Le temps passe si vite!.... En discutant ainsi le pour et le contre, il se coucha, dormit tranquille, et s'éveilla tard, mais en désirant se retrouver près de son ancienne amie, et de l'aimable Blanche.

Il n'était pas encore habillé, qu'il reçut un billet de madame de Nançai. « Je vous attends, lui écrivait-
» elle. En m'avouant qu'hier j'ai été
» un peu maussade, je vous de-
» mande si vous n'aviez aucun re-
» proche à vous faire? Prête à vous
» excuser, je souhaite seulement,
» qu'une fois dans ma vie, vous m'ac-
» cordiez la grâce de reconnaître que
» j'avais raison. Venez, venez bien
» vite; j'ai la tête pleine d'argumens,
» tous en ma faveur. Je suis pressée
» de vous les dire, comme je les ai

» arrangés cette nuit ; car je n'ai pas
» dormi. »

Il rit de ce manque de sommeil,
qui peut-être était vrai, mais semblait placé là pour l'attendrir. Dans
le désir qu'il avait de la mettre en
bonne humeur, il se rendit promptement chez elle, ouvrit sa porte ; et
avançant sa tête sans entrer dans la
chambre, il s'écria : « J'y consens;
» je proclame que vous avez raison ;
» mais je m'enfuis si vous voulez me
» le prouver. » — « Cela suffit ; n'en
» parlons plus, répondit-elle : cepen-
» dant je prends acte de cette décla-
» ration; je la ferai graver, et vous
» la montrerai quand vous m'impa-
» tienterez. »

Il vint s'asseoir près d'elle, et chercha à l'égayer; il connaissait si bien la

tournure de son esprit, tout ce qui devait arriver à son cœur, qu'il ne prononçait pas une parole qui n'eût un but et qui ne réussît. Ces deux vieilles personnes étaient fort contentes, lorsque tout-à-coup elle lui dit : « Vous » avez dû vous ennuyer hier au soir » chez vous ; car vous n'aimez pas à » vous retirer de si bonne heure. » « Je voulais, répondit-il, arranger » mes papiers. »

Ce soin inquiet de l'avenir dans un homme de son âge, effraya madame de Nançai : « Quelle fantaisie ! s'écria- » t-elle : je ne puis souffrir qu'on » pense à mettre de l'ordre dans ses » affaires. » — « C'est pourtant assez » sage, reprit-il : mais rassurez-vous, » ce n'est point mon testament que » j'ai fait : ce sont mes œuvres que

» j'ai voulu brûler ; d'assez mauvais
» vers, des chansons un peu trop
» gaies, enfin toutes les folies de ma
» jeunesse. Cependant, j'ai trouvé
» dans tout ce fatras une anecdote
» que j'ai conservée, pour vous la
» lire cet été à la campagne, quand
» nous serons seuls. »

« Pourquoi remettre à l'été ? on
» est souvent très-seul à la ville. Je
» veux l'entendre tout de suite : et je
» parie même que vous l'avez sur
» vous ; car le bout d'oreille d'auteur
» se voit toujours. »

« Vous l'avez deviné, dit-il d'un
» ton modeste la voilà, mais c'est
» par hasard. Je vous jure que je ne
» comptais pas vous la lire aujour-
» d'hui. D'ailleurs, le matin, il peut
» venir du monde ; je ne supporte-

» rais pas plus d'être interrompu que
» plusieurs de nos illustres que je ne
» nomme pas. » — « Si vous exigez
» autant de soins que ces grands es-
» prits, reprit-elle, affectant l'air de
» la considération, je ferai fermer
» ma porte ce soir, et nous la li-
» rons. » — « Mais que ferons-nous
» de Blanche? je ne veux point qu'elle
» soit présente. » — « Ah ! repartit
» madame de Nançai, j'ai bien peur
» d'être obligée de condamner au
» feu cet ouvrage que vous en avez
» sauvé; car, si tout le monde pou-
» vait l'entendre, pourquoi éloigner
» Blanche ? » — « C'est qu'à son
» âge on se moque des manuscrits,
» et l'on respecte les imprimés. Dès
» qu'elle verrait mon papier, ma
» figure, et que je commencerais à

» lire, je suis sûr qu'elle rirait. » —
Madame de Nançai lui promit de la
renvoyer dans sa chambre, et attendit
le soir avec impatience.

Cette impatience même la prépa-
rait à écouter avec intérêt. Dans le
courant du jour, elle lui demanda
plusieurs fois le sujet de son roman ;
« car c'est un roman ? » disait-elle.
— Il fut intraitable, *et ne consentit*
jamais à lui répondre. Dès huit heures, elle défendit qu'on laissât entrer
qui que ce fût, dit à Blanche qu'elle
avait affaire, et sonna pour avoir des
lumières et une petite table, qu'ils
placèrent entre eux deux. Monsieur
d'Entragues, prenant son papier, voulut expliquer que c'était l'histoire de
gens qu'il avait connus...; un récit
exact..., et tel qu'il lui avait été fait...

« Point de préambule, lui dit-elle :
» vous ne serez pas toujours près de
» ceux qui vous liront ; il faut donc
» que votre ouvrage n'en ait pas be-
» soin. D'ailleurs, je suis fière que
» vous me preniez pour juge, et je
» ne veux pas être prévenue d'a-
» vance, afin de rester impartiale. »
— Il secoua la tête, et reprit gaiement : « Il faut garder l'impartialité
» pour ses ennemis ; quant à ses
» amis, j'aime assez qu'on soit par-
» tial. Je ne trouverais même pas
» mauvais qu'on eût pour eux la
» moitié de l'aveuglement qu'on a
» pour soi. Au surplus, ajouta-t-il,
» je ne conçois pas pourquoi cette
» réflexion m'est venue ; car je sais
» combien votre amitié est tendre et
» dévouée ; je sais aussi, mieux que

» personne , que vous ne vous oc-
» cupez jamais de vous-même... »
— « Finissez-en donc, lui dit-elle,
» et laissez là toutes vos maximes,
» toutes vos réflexions ; je suis pres-
» sée de vous entendre , j'écoute ,
» lisez. »

Il s'arrêta encore, et repartit : « Sa-
» vez-vous que vous me faites peur?
» Messieurs les *quarante réunis* ne
» me causeraient pas autant d'in-
» quiétude que j'en éprouve dans ce
» moment. » — Il la regarda avec
affection, prit sa main, la serra dans
les siennes, en disant : « Mon amie,
» de l'indulgence; j'en ai bien be-
» soin. » — A ces mots elle s'attendrit; et il commença sa lecture.

Le mariage de madame de Fargy,
à laquelle il avait donné un nom

étranger, ne lui parut pas digne d'attention. « C'est , dit-elle , l'histoire » de presque tous les mariages de » convenance. » Cependant ses espérances de bonheur la firent soupirer. « J'avais les mêmes illusions, » quand j'ai épousé monsieur de » Nançai. »

Monsieur d'Entragues lui laissait faire ses observations sans y répondre , afin qu'elle n'eût pas le temps de se former une opinion, qu'ensuite elle aurait voulu soutenir.

Lorsqu'en parlant de l'attachement qu'elle avait eu pour son mari, madame de Fargy peint la solitude où souvent il la laissait, puis ses retours passagers , les aveux de ses torts qu'elle prenait pour de la confiance , et qu'elle ajoute : Je l'aimais, et lui

savais gré de tout :... « Voilà comme
» on est quand on aime! reprit ma-
» dame de Nançai. Mon pauvre ami,
» je suis étonnée que vous ayez de-
» viné cela. »

Il posa son cahier , en l'assurant
de nouveau qu'il n'y avait pas dans
cette lettre un mot qui fût de lui.
« C'est , dit-il , une histoire très-
» réelle que la *personne* même m'a
» confiée. » — « En vérité!» —« Je
» vous le proteste. »—« Alors, cela
» m'intéresse davantage ; car , s'il
» faut vous dire ma pensée,j'ai craint
» que vous n'eussiez la fantaisie de
» vous amuser de ma sensibilité;
» j'étais en garde contre vous et
» contre moi-même. » — « Quelle
» idée bizarre ! » répliqua-t-il avec
impatience.—« Vous prenez si sou-

» vent la liberté de vous moquer
» de moi, que je suis toujours sur
» le qui vive. Mais, puisque c'est
» réel.... » Elle le regardait encore avec l'air du doute. — « Je vous
» en donne ma parole d'honneur. »
— « Oh! à présent je vous crois: »
et elle l'écouta avec la plus grande
attention. Lorsqu'à la naissance de
son fils, madame de Fargy peint le
bonheur qu'elle éprouve, et dit:
« Près de cet enfant, je sentis toute
» la plénitude de la vie et de l'a-
» mour. — Ah! voilà bien le cœur
» d'une mère! » s'écria madame de
Nançai.

L'éducation austère du marquis
de Fargy ne lui plut pas autant; car
elle n'était qu'affection et faiblesse.
« Avec le caractère de ce jeune

» homme , reprit-elle , on peut
» croire qu'il n'aura point de re-
» proche à se faire ; mais il n'est pas
» aussi sûr que l'on n'ait pas à s'en
» plaindre. Il faudrait être un ange,
» pour vivre sous le regard d'une
» sévérité de tous les momens , et
» encore se croire heureuse ! » —
« Hé bien , répondit froidement
» monsieur d'Entragues , nous lui
» trouverons un ange ; » et il continua sa lecture.

Quand elle n'approuvait pas, il lisait vite ; sa voix n'avait plus d'ac-
cent, ses paroles couraient ; les événemens se succédant avec rapidité,
l'impression fâcheuse s'effaçait pour
faire place aux sentimens qu'il désirait lui inspirer. Lorsqu'il la voyait
émue, il s'arrêtait avec complaisance,

revenait quelquefois sur les situa-
tions, sur les mots qui avaient paru
l'attendrir. S'il voulait en parler,
elle ne le souffrait pas, le pressait
de continuer, avec cette impatience
d'une personne vivement touchée,
que la moindre réflexion fatigue,
que le retard importune.

Elle était d'abord bien établie,
bien enfoncée dans son grand fauteuil; mais à mesure que monsieur
d'Entragues poursuivait le récit des
malheurs de cette famille, elle se
rapprocha peu à peu, et, les coudes
appuyés sur la petite table, elle le
regardait fixement, et ne perdait aucune de ses paroles.

L'imprudence, les désordres de ce
père lui semblaient impardonnables;
cependant, lorsqu'il fut privé de sa

raison, elle cessa de le condamner, pour le plaindre. Monsieur d'Entragues se hâta de lui lire ce que Chirac avait dit à madame de Fargy. — « Votre fils s'est cru chargé, par le » ciel et par vous, de veiller sur son » père. Je n'ai pu l'empêcher de s'en- » fermer dans sa chambre : il y cou- » che, n'y dort sûrement pas, ne le » quitte point... Il est le témoin de » scènes affreuses ; son ame est dans » de continuelles angoisses. Si cela » se prolonge, il n'y a pas de force » humaine qui puisse y résister. »

« Ah l'infortuné ! s'écria-t-elle ; si » je dois me détacher de ce jeune » homme, laissez là votre lecture. » — Monsieur d'Entragues suivait tous ses mouvemens, commençait à espé- rer, et, sans avoir l'air de rien remarquer, il lisait... Les inquiétudes de cette mère faisaient trembler madame de Nançai; elle ressentait toutes ses impressions. Lorsqu'elle entend que le médecin propose au fils de la suivre, et que, dévoué à tous ses devoirs, il s'y refuse en disant : « Ma mère a ses souvenirs, le ciel » qui récompensera sa vertu, le » monde qui l'estime et l'honore. » Mon pauvre père n'a plus rien....., » sa raison, sa liberté, tout lui man- » que; lui-même n'est plus à lui..... » Je lui resterai. — Bon, excellent » jeune homme! s'écria-t-elle, je » l'aime de tout mon cœur! »

Bientôt monsieur d'Entragues arrive au moment où Chirac déclare à madame de Fargy qu'il n'a plus d'espoir. « Sa résolution est prise, lui

» dit-il : le sacrifice de votre fils est
» fait ; sa vertu ne cèdera pas ; il y
» succombera, et il faut devant nous,
» à nos yeux, lui voir subir son
» sort. »

A cet arrêt, madame de Nançai
frémit ; elle ne disait plus un mot,
levait les yeux au ciel, et priait pour
ce fils dont le dévouement passionné
répondait si bien aux idées qu'elle
s'était faites de la piété filiale.... Le
sacrifice de madame de Fargy ne l'é-
tonna point ; car elle ne mettait pas
de borne non plus à l'amour mater-
nel. L'hésitation, la crainte, la douleur de cette mère la faisaient tressaillir. Mais lorsqu'elle la vit rompre
tous les liens qui l'attachaient à son
fils, lorsqu'elle l'entendit prononcer
ces paroles : « Vous n'êtes pas à moi ;

» je ne suis plus à vous ; ma vie ne » tient plus à la vôtre ; » et qu'ensuite, dans son désespoir, cette femme infortunée s'écria : « Je n'ai » plus de fils, et je suis encore mè—» re ! » madame de Nançai sentit son cœur se déchirer. « C'est assez, » dit-elle : je ne veux plus rien écou—» ter ; je ne puis plus les voir souf—» frir : et il n'y aura pas de justice » dans le ciel, s'ils ne finissent point » par être heureux. »—« Je le pense » comme vous, répondit monsieur » d'Entragues d'un air enchanté ; » mais j'espère qu'il y aura aussi un » peu de justice sur la terre, et que » celle dont leur félicité dépend ne » s'y refusera pas. »

« La lecture a un ton si arrangé, » si posé, » lui dit-elle, « que je ne

» consens plus à vous entendre. Ra-
» contez-moi seulement la suite de
» cette déplorable histoire ; car je
» tremble pour eux, et cette incer-
» titude me fait mal. »

« Puisque vous l'exigez, repartit
» monsieur d'Entragues, je me bor-
» nerai à vous dire que le père a
» recouvré sa raison ; sa femme est
» heureuse près de lui ; leur fils jouit
» enfin de la récompense due à sa
» vertu ; il est revenu dans sa fa-
» mille, et contemple le bonheur de
» sa mère. »

Madame de Nançai fit un cri de
joie. — « Cependant, ajouta mon-
» sieur d'Entragues, mes désirs pour
» lui ne sont pas satisfaits.... » —
« Vous le connaissez donc ? » —
« Oui, » répondit-il avec un peu

d'embarras ; et il attendit une seconde question.

« Je cherche qui ce peut être, sans
» le trouver, reprit-elle. » — « C'est
» dommage que Blanche ne soit pas
» ici, lui dit-il ; je parie qu'elle l'au-
» rait déjà deviné. » — « Pourquoi
» cela ? » — « Parce qu'à son âge,
» l'esprit est bien prompt sur les pei-
» nes de l'ame. D'ailleurs, je l'ai vue
» touchée d'une douce pitié, pour
» une tristesse que vous et moi nous
» prenions pour un défaut de carac-
» tère. C'est ainsi qu'on interprète
» toujours à mal, et qu'on juge de
» ce qu'on ignore. » — « Comment,
» s'écria-t-elle, serait-ce le marquis
» de Fargy qui aurait tant souffert ! »
— « Mon amie, reprit-il en hési-
» tant, c'est lui ; c'est sa mère dont

» vous venez d'apprendre les cruelles
» épreuves. Je ne connais pas de ca-
» ractères plus nobles ; tous deux
» méritent votre estime.... » En disant ces mots, il s'attendrit : il pense
à sa vie entière consacrée à madame
de Nançai... « Mon amie, ajoute-t-il
» avec une profonde émotion, écou-
» tez-moi. Je ne sais pourquoi, de-
» puis assez long-temps, je suis
» poursuivi par le pressentiment que
» je dois finir bientôt. La crainte de
» vous laisser seule, isolée, me
» cause un tourment inexprimable.
» Souvent vous me voyez rire, vous
» me croyez gai : hé bien ! cette idée
» m'attend chez moi ; elle retarde
» mon sommeil ; je la retrouve en
» m'éveillant, et je m'écrie : A qui
» léguerai-je ma pauvre amie ! »

Madame de Nauçai le regardait avec des yeux effrayés. Elle semblait ne pouvoir assez examiner ses traits, son air. Elle cherchait avec anxiété si, en effet, elle n'y découvrirait pas quelque changement qui justifiât les inquiétudes qu'il lui avouait.

« Depuis tant d'années, conti-
» nua-t-il, j'admire vos excellentes
» qualités ! Vos légères imperfec-
» tions mêmes m'amusaient ; elles
» rendaient seulement ma surveil-
» lance plus active et plus tendre.
» Vous étiez tout le bonheur de ma
» vie ; et avec quelle satisfaction je
» me croyais la providence de la
» vôtre ! Il est bien simple, qu'en re-
» doutant une séparation inévitable,
» je tremble pour vous. Votre ex-
» trême vivacité a besoin qu'on la

» modère. Il vous faut un ami sur
» lequel vous puissiez vous appuyer;
» qui vous soigne avec sollicitude,
» et dont l'affection ne voie jamais
» un défaut, sans se rappeler les
» qualités qui le compensent. »
Madame de Nançai s'écria : « Mais
» en vérité, je crois qu'aujourd'hui
» vous vous plaisez à bouleverser
» mon ame. Vous êtes bien; vous
» vivrez plus que moi, et je le de-
» mande tous les jours au ciel. »
« J'espère qu'un si grand malheur
» ne m'est pas réservé, reprit – il.
» Cependant, admettons qu'il fallût
» vous perdre : cette Blanche, que
» vous aimez si vivement, resterait
» sans soutien, abandonnée à elle-
» même. Vous n'y avez pas songé;
» car votre cœur a encore la jeu-

» nesse de l'enfance : l'heure qui suit,
» le jour d'après, composent tout
» votre avenir ; mais je m'en suis
» occupé pour vous.... De tous les
» jeunes gens que j'ai vus, le mar-
» quis de Fargy est le seul qui, ayant
» été éprouvé par le malheur, ait
» suivi ses devoirs, sans regarder
» s'il pouvait s'y soustraire. C'est
» beaucoup, mon amie, de savoir
» à quel point l'on peut souffrir, et
» ce qu'on peut promettre.... Main-
» tenant, représentez-vous un mari
» qui voudrait placer sa femme dans
» une cour nouvelle et jeune, où
» vous ne pourriez pas la suivre ; un
» homme dont l'orgueil aspirerait
» aux commandemens de provinces,
» aux ambassades. Alors, vos enfans
» s'éloigneraient de vous, sans que

» vous eussiez un reproche à leur
» faire. Blanche vous quitterait, et
» je ne serais plus près de vous. »

Madame de Nançai ne pouvait supporter une si cruelle prévoyance ; elle
s'agitait dans son fauteuil, lui faisait
signe de la main qu'elle ne voulait
plus l'entendre, et elle n'osait le lui
dire. Monsieur d'Entragues voyait sa
peine ; il la partageait : mais résolu
à obtenir son aveu, il ajouta : « Le
» marquis de Fargy a reçu de fortes
» émotions ; son ame a été aux prises
» avec la douleur ; il a vécu en lui-
» même ; il se connaît, il s'est jugé.
» Dégoûté d'avance des faux plaisirs
» du monde, des vains succès d'une
» ambition toujours insatiable, et si
» souvent trompée, il vivra dans sa
» famille. Ce n'est pas un gendre

» que je vous propose , c'est un fils
» que je vous donne. »

« Je ne puis, dit-elle, mêler des
» idées de mariage à ces pensées de
» mort dont vous venez de m'épou-
» vanter. » — « Mon amie, reprit-il,
» rassurez-moi sur votre avenir ; et
» je vous promets de ne jamais vous
» ramener à ces funestes réflexions.
» Je ne songerai qu'à bénir qua-
» rante années passées près de vous,
» et que votre amitié, votre douceur
» ont rendues si heureuses. J'atten-
» drai, sans les compter ni les crain-
» dre, le peu de jours qui me restent
» encore. Allons, croyez-en votre
» vieil ami ; il est plus attentif à
» votre bonheur que vous-même. »

« Songez , lui dit-elle , que je ne
» connais pas ce jeune homme. » —

« Je n'insisterai plus, repartit mon-
» sieur d'Entragues, si, en y pensant
» bien, vous pouvez me dire que
» vous doutez de lui. » — « Non,
» j'admire son caractère ; mais il
» faut du temps pour que Blanche
» l'apprécie comme nous. » — « Aussi
» je ne vous engage pas à la marier
» demain. Prenez tout le temps que
» vous voudrez ; je désire unique-
» ment que vous permettiez au mar-
» quis de Fargy de venir ici quelque-
» fois, et de chercher à lui plaire. »

Madame de Nançai ayant obtenu
un délai se sentit encouragée ; elle
reprit : « Vous êtes bien jeune,
» mon pauvre ami ; vous voilà, me
» proposant un mariage d'amour !
» Tout le bonheur est avant ces
» sortes d'unions. On s'est fait des

» chimères ; on croit à un être par-
» fait : après, on découvre qu'il n'y
» a rien de parfait en ce monde ; et
» il faut revenir de trop loin. Je
» veux un bon mariage de conve-
» nance, parce que les convenances
» s'étendent sur toutes les années de
» la vie. Elles arrangent même les
» affaires des arrière-petits-enfans. »

« Observez donc, répliqua-t-il
» gaiement, que ceci est un véritable
» mariage de convenance. La nais-
» sance est égale ; je me garde bien
» de parler des sentimens de la jeune
» personne ; le jeune homme ne se
» présente pas lui-même ; c'est un
» ami commun qui sert d'intermé-
» diaire : vous devez être satisfaite. »

« Cependant, reprit-elle, puis-
» que vous admettez les calculs, ne

» m'avez-vous pas dit que le père
» avait perdu toute sa fortune? » —
« Elle a été compromise un instant;
» mais il possède aujourd'hui tous
» les biens que ses ancêtres lui
» avaient laissés. » — « Au surplus ,
» cela m'est bien égal, lui dit-elle ;
» est-ce que vous croyez que j'y
» pensais ? Blanche est assez riche
» pour eux deux : je saisissais un
» prétexte pour retarder mon con-
» sentement. »

« Pourquoi le retarder? mon amie,
» songez que vous rendrez la paix à
» mon ame. Je ne serai plus pour-
» suivi par ces idées d'isolement ,
» d'éternelle séparation. » — « Nous
» y voilà encore, s'écria-t-elle ; voilà
» encore ces affreux pressentimens
» qui vont vous reprendre ! Hé bien,

» je permets à ce jeune homme de
» venir chez moi ; mais je ne veux
» pas que Blanche se doute de l'in-
» térêt qui l'y amène. Le temps me
» décidera. » — « A la bonne heure,
» je suis content ; prenez-y garde
» seulement , ajouta-t-il : car vous
» allez retomber dans les mariages
» d'inclination , et ce ne sera pas ma
» faute. »

Elle reprit tristement : « Mon an-
» cien et parfait ami, vous me gui-
» derez ; je m'en suis toujours bien
» trouvée. Mais , je vous supplie ,
» examinez avec attention, avant de
» décider du sort de Blanche ; pro-
» mettez-moi aussi de ne plus m'of-
» frir ces horribles images qui me
» glacent d'effroi. Vous vivrez bien
» long-temps ; croyez-en ma prière

» de chaque jour. Hélas ! je ne de-
» mande rien au ciel pour moi :
» tant que vous existez , tant que
» Blanche m'est conservée , il m'ac-
» corde assez. Mon ami , si vous
» conduisez ma main pour signer le
» contrat de mariage de ces enfans,
» j'espère que la vue de leur bon-
» heur vous rajeunira. »

Les yeux de monsieur d'Entragues
se remplirent de larmes qu'il s'efforça
de cacher; il ne songea plus qu'à effacer les idées pénibles qu'il lui avait
données malgré lui : « Nous allons
» tous être gais, heureux, disait-il; et
» dès demain je vous amènerai cet
» excellent jeune homme. » — « Je
» l'attendrai , reprit-elle ; mais sou-
» venez-vous de mes résolutions. » Il
sourit, et l'assura que, peut-être, elle

les oublierait plus tôt que lui. Il la quitta, ne songeant plus à lui-même, à ses jours qui touchaient à leur terme, et, comme elle l'avait dit, rajeuni, et jouissant du bonheur de ses jeunes amis.

L'excès de sa joie ne lui permit pas de dormir. Le lendemain il partit de grand matin pour Saint-Maur, et arriva chez madame de Fargy avant l'heure du déjeuner.

Monsieur d'Entragues ayant demandé à la voir en particulier, elle le reçut dans son cabinet. Il lui parla avec attendrissement de l'impression que sa lettre lui avait causée ; il avoua qu'il s'était cru autorisé à en confier tous les détails à madame de Nançai, avant de lui demander son consentement. « Elle l'a accordé, lui dit-

» il ; toutefois avec la condition que
» Blanche n'en soit pas instruite.
» Elle veut lui laisser le temps de
» connaître davantage le marquis de
» Fargy ; car il se pourrait, ajouta-
» t-il d'un air fin, que cette jeune
» personne le prît en aversion. Ne
» le craignez - vous pas aussi, Ma-
» dame ? »

Dans son empressement, il parlait
sans s'interrompre, et ne s'apercevait
pas que madame de Fargy, à l'an-
nonce du bonheur de son fils, ressentait une émotion si vive, qu'elle était
près de se trouver mal. Elle ne prononçait que des mots entrecoupés.
« Mon Dieu, disait-elle, vous m'a-
» vez éprouvée ; mais que de grâces
» j'ai à vous rendre !.... Blanche
» sera donc ma fille ! elle m'avait

» nommée sa mère…. le ciel l'inspi-
» rait sans doute ! »

Elle sonna , fit appeler son fils , et
quand il parut elle s'écria : « Mon fils,
» auriez-vous cru qu'ici même, dans
» cette maison où nous avons ré-
» pandu tant de larmes, j'appren-
» drais que rien ne manquera plus
» à votre félicité ? O, dorénavant,
» soumettons-nous sans murmure !
» Dieu seul connaît ce que sa bonté
» nous réserve ! » —Son fils l'écoutait, sans comprendre le sujet d'une
si grande agitation. « J'oubliais, dit-
» elle à monsieur d'Entragues , qu'il
» ignore tout ce qu'il vous doit : c'est
» à vous à le lui apprendre ; je n'en
» ai pas la force. »

« Je vous laisse ce plaisir, répon-
» dit-il ; car je suis pressé de re-

» tourner près de madame de Nan-
» çai. Puis-je la prévenir que vous
» viendrez la voir cette après-dînée?
» J'espère que le comte de Fargy
» vous accompagnera , ainsi que ce
» jeune homme ; il n'avait pas de-
» viné, ni moi non plus, que je serais
» son meilleur ami. »

Il s'échappa bien vite. Le marquis de Fargy s'empressa de le re-
conduire : « Retournez , retournez
» près de votre mère, lui dit mon-
» sieur d'Entragues ; elle s'est tant
» reproché de vous avoir fait souf-
» frir, qu'il est bien juste qu'elle soit
» la première à vous parler de bon-
» heur. »

Il monta dans sa voiture, et, en se
retournant, il vit que madame de
Fargy l'avait également accompagné,

qu'elle était là près de son fils. Con-
fus, il voulut descendre de son carrosse pour la ramener dans son
appartement ; elle ne le permit pas.
« Puisque vous l'ordonnez, j'obéis,
» lui dit-il. En vérité, je suis pres-
» qu'aussi heureux que ce jeune
» homme. Mais, Madame, recom-
» mandez-lui bien, quand il verra
» Blanche, de ne pas oublier la con-
» dition imposée par sa grand'mère.»

Il partit, et lorsqu'il arriva chez
madame de Nançai, il la trouva ar-
rangeant ses bijoux. Il y avait sur
une table devant elle une croix en
diamans, une aigrette, un collier
qu'on appelait dans sa jeunesse une
rivière, et des girandoles. Blanche,
assise dans un coin, considérait ces
trésors avec une profonde tristesse.

Elle pensait à ces mariages dont monsieur d'Entragues l'avait entretenue, et craignait, en voyant ces apprêts, que sa grand'mère n'eût arrêté son choix, sans la consulter. Déjà elle se croyait la plus malheureuse personne qu'il y eût sur la terre.

« Vous venez à propos, dit ma-
» dame de Nançai à monsieur d'En-
» tragues; voilà une demoiselle qui
» s'oppose à tous mes désirs. J'ai
» voulu lui essayer mes diamans;
» vous savez que je les lui ai tou-
» jours destinés. Elle n'a même pas
» consenti à me passer cette légère
» fantaisie. Mademoiselle prétend
» qu'elle est heureuse comme elle
» est, et ne veut jamais se marier....
» Je n'ai point parlé de mariage;
» cela ne fait rien, elle pleure, et

» répète qu'elle ne veut pas me
» quitter. » — « Permettez-moi de
» vous faire observer, répondit-il,
» qu'il y a de quoi réfléchir, en voyant
» ces diamans sortir de l'écrin où ils
» étaient renfermés depuis si long-
» temps. Je suis tout-à-fait comme
» mademoiselle ; cela me donnerait
» beaucoup à penser. »

Madame de Nançai lui dit qu'il
était insupportable, et se moquait
fort mal à propos. Blanche se fâcha
aussi de sa gaieté. « J'ai l'expérience,
» reprit-elle, de toutes les pension-
» naires qu'à mon couvent j'ai vu
» marier. Leurs mères venaient leur
» dire deux ou trois mots sérieux sur
» le mari qu'on leur avait choisi ;
» elles en apprenaient le nom : puis,
» on parlait de trousseau, de dia-

» mans ; et on les étourdissait au
» point qu'elles ne songeaient même
» pas à l'engagement qu'elles allaient
» contracter. » Monsieur d'Entragues, quoique grondé par toutes
deux, s'amusait d'une description qui
allait si bien à madame de Nançai.
Il devinait, qu'ayant promis la veille
d'accorder la main de sa petite-fille
au marquis de Fargy, elle ne s'occupait plus que de la grande affaire
des bijoux qu'elle voulait donner.
« Je suis plus raisonnable, continua
» Blanche ; et si ma grand'mère me
» permet d'avoir une volonté, je
» vous dirai, Monsieur, que je ne
» voudrais ni mari, ni trousseau, ni
» diamans. » — « Et vous avez bien
» raison, répliqua-t-il ; c'est bien
» parlé ! à votre place je me révol-

» terais. Cependant, comme je ne
» suis point l'heureux mortel qu'on
» vous proposera pour époux, je ne
» vois pas pourquoi vous me saluez
» du grand nom de *Monsieur*,
» comme si nous étions déjà mariés.»
Blanche ne lui répondit plus ; elle
savait trop, qu'avec des plaisante-
ries, il lui prouverait qu'il n'y avait
pas de quoi s'effrayer ; tandis qu'au
fond du cœur, elle sentait que ces
parures annonçaient des projets fort
graves.

Il était si content qu'il se mit à
rire, elle à pleurer ; la grand'mère
grondait et disait : « Voyez si l'on
» peut avoir un instant, un seul ins-
» tant de tranquillité ! s'il est possi-
» ble de faire le bonheur de qui que
» ce soit ! » — « Mais, Maman, s'é-

» cria Blanche, je ne cesse de vous
» répéter que je suis parfaitement
» heureuse près de vous ! » — Madame de Nançai regardait monsieur d'Entragues avec incertitude ; ses yeux mécontens lui faisaient un crime de s'être trompé, de lui avoir arraché un consentement qui rendrait peut-être sa petite-fille malheureuse.

Il s'approcha de Blanche, prit sa main, et la serra de manière à lui faire comprendre qu'elle n'avait rien à redouter. « Vous êtes un enfant,
» lui dit-il tout bas : est-ce que je
» serais si gai, si vous deviez ré-
» pandre des larmes ? croyez-moi,
» laissez à madame votre grand'-
» mère le petit plaisir de vous pa-
» rer. » — « J'y consens, répondit-
» elle sur le même ton ; pourvu que

» cela ne m'engage pas. » — Il
haussa les épaules d'un air de pitié,
comme l'on ferait à une jeune personne qui, par son imprudence, va
détruire un bonheur obtenu avec tant
de peine. Elle reprenait un peu de
confiance, et pourtant restait craintive.

Elle se laissa poser ces diamans;
monsieur d'Entragues, enchanté, la
contemplait, en pensant qu'il la re-
verrait bientôt avec cette même pa-
rure, dans ce jour heureux qu'elle
était si loin d'attendre. Cependant, il
trouvait ces diamans montés d'une
manière un peu antique. Pour le faire
sentir à madame de Nançai, il s'avisa
de lui dire : « Vous devriez complé-
» ter la toilette de Mademoiselle,
» par une de ces petites chouettes

» noires que madame de Sévigné ai-
» mait tant, et qui vous allaient si
» bien; elles étaient fort agréables,
» et terminaient merveilleusement
» la coiffure. » — « C'est, lui répon-
» dit-elle, une mode passée depuis
» long-temps; d'ailleurs, moi je ne
» les ai jamais aimées; j'ai toujours
» cru que leur air triste était de mau-
» vais augure. » — « Quel augure
» redoutez-vous, Maman? » s'écria
Blanche consternée. Elle s'éloigna
aussitôt, et détacha toutes ces pier-
reries.

« Il faut avouer que vous êtes bien
» curieuse, reprit sa grand'mère : ne
» pouvez-vous pas imaginer que je
» prépare le jour de ma fête ? »
Blanche ne répondit pas, mais retomba dans ses funestes pressenti-

mens. A dîner monsieur d'Entragues
ne cessa de parler, de rire, de s'a-
muser : il était ravi. Madame de Nançai le félicitait sur son agréable humeur. — « Vous m'avez dit hier,
» Madame, que la vue des gens heu-
» reux me rajeunirait. Je crois que
» vous avez eu raison ; mais, il faut
» toute ma perspicacité, pour devi-
» ner dans ce moment que le bon-
» heur est si près. »

En sortant de table, Blanche re-
monta dans sa chambre ; elle avait
besoin de se livrer à ses réflexions.
« Je suis charmé qu'elle nous ait quit-
» tés, dit-il à madame de Nançai ;
» car la comtesse de Fargy, son
» mari et son fils, vont bientôt ar-
» river. J'étais à Saint-Maur dès
» neuf heures du matin : je vais, je

» cours, je m'agite, et me sens léger
» comme une plume. Ah! la joie
» est une bien bonne chose! » —
« Je suis fâchée de la troubler, re-
» prit-elle avec embarras : mais,
» mon excellent ami, vous voyez le
» désespoir de Blanche; je me ré-
» tracte. » — « C'est impossible,
» répliqua-t-il d'un air un peu sé-
» vère; j'ai donné votre parole, ils
» vont venir : ce serait une belle
» manière de répondre à leur recon-
» naissance. » Pour achever de calmer son amie, il ajouta : « Et puis,
» que risquez-vous? je leur ai dé-
» claré votre volonté; ils s'y sou-
» mettront avec exactitude et res-
» pect : ensuite, nous verrons ce
» que le temps produira sur l'esprit
» de Blanche. » — « Il est certain,

» reprit-elle après un grand soupir,
» que cette promesse est condition-
» nelle. » — « Sûrement ; il n'y aura
» que ce pauvre jeune homme d'ex-
» posé à mourir d'une passion mal-
» heureuse..... je le plains ! Mais
» revenons à vous : convenez qu'il
» est bien satisfaisant que j'aie résolu
» de ne plus vous gronder ; car j'en
» aurais un beau sujet. Vous voulez
» que Blanche ne se doute pas de
» vos projets ; et vous allez lui étaler
» des bijoux que l'on ne donne qu'au
» jour de noces. Dites-moi si c'est
» de la prudence ? » — « Il y a bien
» quelque chose de trop précipité,
» répondit-elle ; mais j'y ai pensé
» après : je n'y aurais même pas
» songé du tout, si elle n'avait pas
» aussitôt découvert qu'il était ques-

» tion de mariage. » — « Il est éton-
» nant qu'elle ait deviné cela ! » et
il se mit à se moquer si doucement
de madame de Nançai, qu'il parvint
à rétablir le calme dans son esprit.

Bientôt l'on entendit une voiture:
le comte, la comtesse de Fargy entrèrent suivis de leur fils. Les deux
mères ne surent que s'embrasser,
et se promettre le bonheur de leurs
enfans. Le marquis de Fargy se jeta
aux pieds de madame de Nançai pour
la remercier, et lui jurer l'affection
du plus tendre fils.

Blanche avait reconnu par sa fenêtre la livrée de madame de Fargy;
elle descendit bien vite. Quelle fut sa
surprise, en voyant son fils à genoux
devant madame de Nançai ? Saisie,
elle s'arrêta :... le secret de son avenir

lui était dévoilé !... elle n'avait plus
d'effroi , mais était si émue, qu'elle
restait sans pouvoir avancer. Madame de Fargy , monsieur d'Entragues, allèrent en silence la prendre
par la main , et la conduisirent près
de madame de Nançai. Ils ne lui di-
saient rien ; ils l'avaient promis.....
Blanche, troublée, ne sachant plus
ce qu'elle faisait , se mit aussi à genoux devant sa grand'mère.

Madame de Nançai était trop agi-
tée pour se rappeler ses résolutions.
Elle dit à sa petite-fille : « C'est à toi
» de prononcer...... veux-tu que je
» l'afflige par un refus ?...... » —
Pour toute réponse , Blanche baisa la
main de sa grand'mère. Madame
de Nançai jugea qu'elle pouvait se

rassurer : cependant elle parla encore des six mois qu'elle avait d'abord
exigés. « J'y consens, reprit mon-
» sieur d'Entragues, si l'on écoute
» ma façon de calculer, et la voici:
» à mon âge, la nature compte les
» semaines pour des mois ; vous fe-
» rez de même, je l'espère ; et dans
» six semaines..... » — Madame de
Nançai ne le laissa pas achever, et
madame de Fargy embrassa Blanche
en la nommant sa fille.

Le marquis de Fargy ne savait
comment exprimer ses sentimens.
Que de promesses de n'exister que
pour elle ! quelle certitude de jouir
lui-même d'un bonheur sans mé-
lange ?

Son père se sentit renaître aux

impressions douces. La joie tou-
chante de sa femme , l'air heureux
de son fils , lui faisaient connaître le
prix de la vie de famille , et des vertus domestiques ; tous étaient trans-
portés ; mais tous portaient leurs regards sur monsieur d'Entragues ;
c'est à lui que s'adressaient tous les
cœurs. Madame de Nançai dit que
chacun devrait l'embrasser ; car c'é-
tait lui qui avait tout fait, tout décidé.
Dans leur joie, ils environnaient cet
excellent ami , et lui témoignaient
leur reconnaissance et leur attachement. Quand ce fut le tour de Blanche,
elle s'avança d'un air timide : « Vous
» n'avez pas de caractère, lui dit-il
» tout bas; déclarez donc , comme
» tantôt, que vous ne voulez ni dia-

» mans , ni mari. » — « J'accepte » ces diamans, répondit-elle , puis- » que vous le désirez. » Elle sourit et ajouta : « Je ne refuse même pas » les petites chouettes noires que » vous vantiez ce matin. Je ne crains » plus qu'elles me portent malheur.» — « Voulez-vous que je répète cela » devant ce jeune homme ? » — « Non, non, » reprit-elle en rougissant ; et elle courut se réfugier près de sa grand'mère.

Les six semaines se passèrent dans une union si parfaite entre les deux familles , que madame de Nançai n'eut pas le temps de se fâcher une seule fois ; et lorsqu'elle conduisit Blanche à l'autel, cette jeune personne , entourée d'amis qui lui étaient

si chers, regarda sa grand'mère avec
une tendre affection, et lui dit encore : « Maman, vous m'avez tou-
» jours rendue parfaitement heu-
» reuse ! »

FIN DU QUATRIÈME ET DERNIER VOLUME.